東アジア
災害人文学への招待

気候変動・災害多発時代
に向き合う人文学

山 泰幸・向井佑介【編】

臨川書店

口絵1　桜島遠景（2021年3月　大西正光撮影）

口絵2　桜島の黒神埋没鳥居（2022年3月　山泰幸撮影）

口絵3　ソウル梨泰院雑踏事故現場（2022年11月　山泰幸撮影）

口絵4　防災対策庁舎、宮城県南三陸町（2013年7月　寺田匡宏撮影）

口絵5　京都大学構内で発掘された弥生時代の土石流痕跡
（京都大学大学院文学研究科附属文化遺産学・人文知連携センター提供）

口絵6　京都大学構内で発掘された地震にともなう地層のずれと噴砂
（京都大学大学院文学研究科附属文化遺産学・人文知連携センター提供）

口絵7　鳥取県智頭町での四面会議（2018年8月　山泰幸撮影）

口絵8　第37回哲学カフェ「災害と自己責任論」（2024年12月　山泰幸撮影）

目　　次

序　章　東アジア災害人文学への招待 ・・・・・・・・・・・・・・・・・・・・山　泰幸　1

第1部　災害をめぐる歴史と東アジア

第1章　滋賀県下の明治29年水害記念碑 ・・・・・・・・・・・・・・・・市川秀之　23

第2章　中国における禹王の治水功績遺跡と伝承
　　　　・・植村善博・竹内晶子　39

第3章　中国災害考古学事始 ・・・・・・・・・・・・・・・・・・・・・・・・・・向井佑介　49

コラム1　池仏さまの話
　　　　――仏罰としての天正地震―― ・・・・・・・・・・・・・塚本明日香　66

第4章　防災と選別の社会学
　　　　――〈仏像トリアージ〉から考える―― ・・・・・・・・・・小川伸彦　71

第2部　災害をめぐる言葉と思想

第5章　和辻哲郎の「風土」論再考
　　　　――風土としての看護的自然の日本芸術―― ・・・・・・・上原麻有子　85

第6章　大地が揺れると思想が変わる
　　　　――リスボン大地震と関東大震災をめぐる思想的地殻変動――
　　　　・・加藤泰史　107

第7章　防災と風土の哲学
　　　　──和辻哲郎の風土論を手掛かりにして──……………山　泰幸　123

コラム2　風土………………………………………………………張　政遠　142

第8章　風景とともに立ち直るⅡ
　　　　──風景とわたしはどのように一つであるのか、
　　　　　あるいはモニズムの論理と語り方──………………寺田匡宏　147

コラム3　壊れた風景への旅………………………………………寺田匡宏　174

第3部　現場に関わる人文学と協働実践

第9章　試論　続発する災難ダイナミクスの時代と持続可能な
　　　　地域復興
　　　　──人文知と寄り合う互恵の関係づくりを求めて──……岡田憲夫　181

第10章　現場で活きる人文学の可能性
　　　　──桜島防災を事例として──…………………………大西正光　196

コラム4　災害と対話
　　　　──考えることと共に生きること──……………………梶谷真司　215

コラム5　まちづくりにおける語り合う場のデザイン
　　　　──哲学カフェの取り組みから──……………………山　泰幸　220

コラム6　災害と幸福
　　　　──持続可能な未来への道筋を探して──……………趙　寛子　227

　あとがき（向井佑介）
　執筆者紹介

序　章

東アジア災害人文学への招待

山　　泰幸

は じ め に

　現代社会は、気候変動にともなう大規模自然災害、地球規模で進行する環境破壊、まさに人類の脅威となっている感染症など、続発的に襲来し破壊をもたらし、またそれゆえに再創造の契機をもたらす強大な力、本書の執筆者の一人である岡田憲夫が提唱する"Persistent Disruptive Stressors（PDSs）"に曝されている。

　地理的に隣接し、歴史的に深い影響関係にある東アジアは、気候条件において共通の基盤を有しているため、自然災害にも共通する特徴があり、人的・経済的な緊密な関係性は、今般の感染症の流行とその対応にも現れている。少子高齢化や過疎問題など共通する社会的課題も多く、これらを東アジアに共通する"PDSs"として包括的に捉えることが可能である。

　本書では、「災害」を広く"PDSs"と捉えて、東アジアにおいて積み重ねられてきた災害対応の歴史を総合的に検討し、災害をめぐって歴史的に形成されてきた思想や文化、社会関係などを、"サステナビリティの実践知"と見なし、東アジアに共通する特徴と地域ごとの展開の諸相の解明を目的とした、新しい学問領域としての「東アジア災害人文学」の輪郭を描き、その方向性を探ることを目指している。さらに防災科学の研究者も交えて、その研究成果も視野に入れながら、現代社会を襲う"PDSs"に対応するための知恵や工夫を、過去から現在までの災害対応の歴史から再発見し、再創造しようする人文学からの試みである。

現在、防災科学の研究が発展し、さまざまな災害リスクマネジメントの手法が開発されている。しかし、それらが効果を発揮するには、具体的な地域に根ざしたかたちで、住民の暮らしのなかに社会実装することが求められる。そのためには、災害をめぐって歴史的に形成されてきた思想や文化、社会関係など、「人間」への理解が不可欠である。社会実装の実現に残されている「最後のツメ」に、人文学の知がその手掛かりを提供すると考えられる。

本書は、以上のような関心のもと、京都大学人文科学研究所の共同研究班「東アジア災害人文学の構築」（2021年度〜2023年度）が取り組んできた研究活動の成果の一部を、一般読者に届けて、まだ始まったばかりである東アジア災害人文学という試みに、広く関心を持っていただくために編まれたものである。

第1節　災害人文学からのアプローチ

災害人文学という試みは、東日本大震災後、東北各地の被災地において、文化人類学、民俗学、社会学、宗教学などの立場からフィールドワークによる現地調査として盛んにおこなわれるようになった。なかでも東北大学の高倉浩樹をはじめとする研究グループは、災害人文学という名称を明確に打ち出して、『震災後の地域文化と被災者の民俗誌―フィールド災害人文学の構築』（高倉・山口 2018）や『災害〈後〉を生きる―慰霊と回復の災害人文学』（李・高倉 2023）など、災害人文学をタイトルに含んだ研究成果を刊行している。これらは震災の被災地や被災者に関わる災害人文学の先駆的な研究成果となっている。

共同研究班の班長を務めた筆者もまた、東日本大震災を契機として、大きく研究の方向性が変化することになった。震災直後に東アジアの近隣諸国から迅速に救援隊の派遣がなされ、救援物資の援助を受けたが、大規模

災害の際には一国だけでは対処が難しく、国際的な支援が不可欠なこと、特に地理的に近い東アジア諸国との協力関係が必要との認識を得て、東アジアの研究者、研究機関との学術交流に力を入れるようになった。たとえば、筆者が所長を務める関西学院大学災害復興制度研究所では、韓国高麗大学校日本研究センターとの共編『東日本大震災と日本　韓国からみた3.11』（2013）を刊行し、国際シンポジウム「東アジアの新たな協働を考える」を2016年1月から毎年開催するなど、中国、韓国、台湾など、東アジアの研究者、研究機関との交流を重ねてきた。その過程で、切実な問題だと感じたのは、「言葉」の問題である。

東アジアの国々は漢字を使用しており、特に学術用語は基本的に漢語が用いられる。中国はもちろん、韓国の場合も漢語を音標文字であるハングルを用いて表記しており、学術用語であれば、その向こう側に漢語が隠れている場合が多いと考えられる。明治近代以降、西欧由来の概念が次々と翻訳され、日本製の漢語が創り出されていったが、それらのなかには中国や韓国に流入したものもあり、漢語は東アジアで学術交流する際には便利な意思疎通の手段となっている。一方で、漢語であれば通じるという妙な思い込みがあり、思いがけない齟齬や誤解が生じることになる。

たとえば、その最もたる漢語の一つが「災害」である。中国や台湾では、日本と同様に「災害」という言葉を使うが、「災難」という言葉も使う。韓国では「災害」を使うこともあるが、ほとんどの場合、「災難」という言葉を使う。法律用語も「災難」を使っている。そのため、韓国では日本の「災害」を「災難」と訳して理解し、日本では韓国の「災難」を「災害」と訳して理解している。ところが、これが問題なのである。日本では、「災害」という言葉を聞けば、ほとんどの場合、「自然災害」を連想するのに対して、韓国では「災難」という言葉は、自然災害だけでなく、むしろ、自然災害が少ないため、ビルや橋の崩落事故、地下鉄火災事故など、「事故」を連想させるからである。

2014年4月のセウォル号沈没事故の直後から、韓国のマスコミや研究機関からの問い合わせをよく受けた。こちらから見れば、セウォル号沈没事故は「事故」であり、自然災害ではないが、韓国から見れば、自然災害と同様に「災難」であり、大統領が弾劾される原因の一つとなったぐらい、国政を揺さぶるほどの大きな「災難」である。そのため、韓国側にとっては、大規模「災難」を数多く被ってきた日本から、復興の経験を学ぶことは、こちらの受け止め方とは異なり、違和感はない。日本では、災害による「被災者」と事故による「被害者」は異なる言葉を用いているが、韓国ではどちらも「被害者」と呼んでいることとも通じている。特に自然災害の場合は、「罹災民」が使用される傾向があるが、大規模事故の場合にも使用され、明確な区別はないように見える。

　この問題は、コロナ禍で、より顕著になった。韓国では、コロナ禍を当初から「災難」として捉えて対応が進められたが、日本ではコロナ禍を「災害」と捉える認識が弱く、災害研究者や研究機関の対応が出遅れた感がある。たとえば、コロナ禍において筆者が企画したオンラインによる日韓国際シンポジウムでは、韓国側の発表は日韓のコロナ対応に関する比較研究が目立ったが、日本側はコロナ禍において地震や豪雨などの自然災害が発生した場合の避難所での感染予防の対応などを検討する発表が主となった。使用する言葉の違いが、認識の違いをもたらし、研究内容にも違いをもたらしているのである。

　交流を重ねていくなかで、災害を引き起こす地震や豪雨などの自然現象にどうしても縛られがちな「災害」よりも、むしろ災害を受け止める人間の側からみた「災難」という言葉の方が相応しいのではないかとも考えるようになった。寺田寅彦（1878-1935）がその論考「災難雑考」（寺田2011［1935］）において、受け止める側の人間の対応によって、いくらでも被害を軽減できるものとして、自然災害から人為的事故を共通の視野に収めて、「災難」として包括的に捉えて議論しているように、「災害」を広く捉える

ことで、自然災害から人為的事故、今般の感染症を含む、様々な不幸な出来事が視野に入ってくるからである。また東アジアの学術交流を進めて、災害対応に関する知見を共有するうえでも有効と考えられる。たとえば、筆者自身、2022年10月29日の夜、ハロウィーンでにぎわう若者の街、韓国ソウルの梨泰院で発生した雑踏事故に関して、10日後には韓国から3名の識者を招いてオンラインにて緊急座談会を開催し、ちょうど一ケ月後には梨泰院の現地調査を実施している（口絵3）。韓国における被害者や遺族に対する支援のあり方について学ぶ貴重な経験となった（山2023）。

このように災害を広く捉えることによって、人間は長い歴史のなかで、どのように災害に立ち向かい、克服してきたのか、その知識や技術、知恵や経験の蓄積がより広く視野に入ってくるだろう。その意味で、"Persistent Disruptive Stressors（PDSs）"は「災難」概念の現代版と言ってよいだろう。

以上のような関心から、本書においては、自然災害への対応のみならず、過疎問題やまちづくり、自然と人間に関する思想である風土論にも視野を広げて取り上げている。

第2節　災害文化と災害遺産

人文学の立場から自然災害を考える場合、前提となるのは、災害は自然と人間との関係性のなかで生じるとする捉え方である。人里離れた山奥で発生した土砂崩れは、単なる自然現象であって、災害ではない。人間の命や生活に被害を及ぼして、はじめて災害として認識される。自然は人間に恵みをもたらすが、一方で災害をももたらすのである。自然との関わりの近い生活をしている農山漁村はもちろんのこと、都市であっても自然からの恵みなしには人間は生きていくことはできない以上、自然との関係を断つことはできない。人間はその歴史において、自然の恵みを享受しながら、同時に、自然がもたらす災害を防ぎ、うまく対処しながら被害を軽減し、

暮らしを維持するための知恵や工夫を生み出してきたといえる。このような災害に対応するために生み出され、蓄積されてきた知恵や工夫、技術などを総称して「災害文化」と呼ぶことができる。

　田中二郎によれば、災害多発地域には、災害発生の兆候や発生時の対処の仕方などに関して、その地域に固有の知識や技術が発達しており、そのような人間の災害に関する知識の習得、蓄積、伝承、活用に関する有形・無形の文化を「災害文化」と呼び、広い意味での「災害文化」とは、建造物の耐震・耐火構造や洪水調節ダムなどの技術的側面を含むものであり、災害伝承などに基づく防災知識、災害観、避難行動などの人文社会科学的な側面とが不可分に結びついて形成されるものであるという（田中 1986）。また、林勲男によれば、このような災害文化に対する研究には、過去の災害経験の伝承や災害観などを採取・記録する「記述的」アプローチと、災害とかかわる知識や技術などを防災・減災といった積極的な意図や行動と結び付けて「価値」あるものとして評価する「価値評価的」アプローチがあり、後者の場合、その価値を明確にして「防災文化」と表現されることもあるという（林 2016）。

　災害文化には、気象や農作に関する言い伝え、暦など、ほぼ全国的に伝えられているものや、特定の地域で伝えられてきたものがある。たとえば、東日本大震災で重要性が再認識された「津波てんでんこ」（津波の危険があるときには、家族といえども気にかけず、「てんでばらばら」になってでも高所へ避難を急ぐこと）などの言い伝えなどが代表的な例といえる（矢守 2011）。また、災害の被害を受けた地域において、過去の経験を教訓として伝えたものを特に「災害伝承」と呼ぶこともある。言い伝えや民話、ことわざ、絵画、石碑などのかたちで伝えられることが多く、儀礼的な行事をともなう場合もある。たとえば、「地震がきたら竹藪に逃げろ」などの言い伝えや、「蛇口」「蛇場」などの地名は、崩壊・浸食地形を意味するとされている。

第 2 節　災害文化と災害遺産

　また、災害の教訓を伝える石碑や被害の痕跡を保存する遺構、犠牲者を追悼・供養する慰霊碑や追悼碑など、「災害遺産」や「災害遺構」と呼ばれるものも災害文化に含まれるだろう。たとえば、桜島の黒神地区の腹五社神社には、大正大噴火（1914）の際の軽石や火山灰で埋め尽くされ、鳥居の上部だけが地上に出ている「黒神埋没鳥居」がある（口絵 2）。当時の村長の判断で、後世に噴火の記憶を伝えるために、噴火直後の姿が、そのまま残されることになったという。大正大噴火から 110 年以上が過ぎ、近い将来、大噴火が予想されており、軽石火山灰が大量降下した場合の困難な状況をリアルに伝える災害遺産の価値は非常に高く、より効果的に防災に活用することが望まれる（山 2022）。また、これに関連して、被災地における文化財レスキューの取り組みも災害人文学の重要な課題であろう。

　本書の執筆者の一人である香港出身の哲学者の張政遠は、哲学者の実践として、和辻哲郎の『古寺巡礼』にヒントを得て、東日本大震災の被災地をめぐる「被災地巡礼」という取り組みを行っている。張政遠は、仙台の沿岸部にある波分神社を訪れたときに、非常に重要なことに気づいたという。そこは震災の記憶、津波の記憶を持っている神社であり、そこを訪れること、つまり「巡礼」とはその記憶を蘇らせることであると述べている（張・山 2024）。災害遺産や災害遺構を訪れることは、その記憶を取り戻し、伝えていくことに他ならない。

　以上のような関心から、本書の第 1 部「災害をめぐる歴史と東アジア」では、災害遺産や災害伝承を中心に、東アジアの災害文化の多様な事例について、歴史学、民俗学、地理学、考古学、社会学などの立場から取り上げて検討している。4 つの章とコラムを 1 つ収録している。

　第 1 章（市川秀之）では、災害碑や災害伝承が住民の防災意識や具体的な防災行動に役に立っているのかという疑問から、滋賀県下の明治 28 年（1895）、29 年（1896）の水害記念碑を取り上げ、建立された状況とどのように現在の住民に認識されているかについて考察をしている。そのうえで、

災害碑を用いながら災害の記憶を伝承するためには、災害碑を可能な限り現位置の高さで保護し、行政や地元自治会による適切な説明と情報の発信、水害の日に防災訓練をするなどの行事化、学校教育などを通じた次世代への継承の必要性を指摘している。

黄河の治水を成功させ、夏王朝の開祖となったと伝えられる古代中国の禹王（中国では大禹）は治水英雄、治水神として崇敬され、各地に遺跡や伝承が残されている。近年、中国では「中華民族の偉大な復興」の施策として、禹王遺跡や禹王文化の研究が活発に進められている。第2章（植村善博・竹内晶子）では、近年の研究成果をもとに、禹王による治水の伝承についてその位置や地形、伝承の内容を検討し、特徴を明らかにしている。なお、日本国内の禹王遺跡に関しては、著者らによって事典（植村ほか2023）が刊行されているので参考にしてほしい。

第3章（向井佑介）では、近年における中国の大規模災害を概観し、その傾向を把握した上で、考古学的方法を用いた災害に関する研究成果について、具体的には青海省の喇家遺跡、陝西省の隋仁寿宮・九成宮遺跡、唐長安城大明宮遺跡を取り上げて紹介している。さらに、日中戦争時の黄河決壊事件を取り上げて、戦争が引き起こした災害、避難民と避難先となった遺跡の保護との関係など、知られざる現代史のエピソードを紹介している。タイトル通り、中国災害考古学の始まりとなる記念すべき論考となっている。

コラム1（塚本明日香）では、岐阜県高山市にある池仏山浄念寺に伝わる、仏罰としての天正地震による山崩れと水害による被害を語る「池仏さまの話」について、史料と語り継がれる伝承の双方を取り上げて検討している。伝承は史実としての信憑性が劣り、資料としては顧みられにくい。しかし災害の起きた地に生きている人々にとって、説話には訴える力があるとし、伝承の重要性に注意を促している。

第4章（小川伸彦）では、災害関連トリアージに着目し、「仏像」を事例

に文化財のトリアージを取り上げて、防災と選別の社会的機能について論じている。災害トリアージを様々な側面から整理して、それがそもそも抱え込んでいる問題を抉り出している。興味深いのは、そのうえでトリアージをなしつつ選別を正当化しない第3の道を提示している点である。著者によれば、一言でいえば「気づく」ことの大切さである。災害は、社会の構成員をすべて巻き込む膨大な事象であるからこそ、あらゆる存在の平等化契機となる。したがって、災害を想像する力が新しい日常をつくり出す知恵につながり、すこしでもましな社会づくりに寄与するはずだと述べている。なお、著者には「震災遺構」という言葉に着目した論考（小川 2015）があり、参考にしてほしい。

共同研究会（2022年7月23日）では、台湾の災害対応の歴史に関して、陳亮全「台湾の大規模災害におけるコミュニティ復興及びその手法の比較—集集大地震とモラコット台風を対象に」、都留俊太郎「災害と共に生きる— 20世紀台湾農村における水利用」などの発表があった。災害考古学に関して、共同研究会（2023年5月13日）では、2022年度京都大学総合博物館特別展「京都白川の巨大土石流—埋もれた先史土砂災害に学ぶ」を企画したメンバーの冨井眞が展示解説と発表を行っている（口絵5、6）。

また、共同研究の関連企画として、災害遺産に関する国際シンポジウム（2023年11月25日、鹿児島市）が京都大学防災研究所主催で開催され、共同研究のメンバーも多数参加した。井口正人「桜島において発生が予測される噴火災害と災害遺構の意義」、大西正光「次なる桜島大規模噴火に向けた専門家と地域の協働活動」、松田陽「災害遺産の分類」、Girolamo Ferdinando DeSimone「Learning from the Past: Engaging School Students through Archaeology at Mt. Vesuvius」、Yuri Romero Hurtado「Communicating Disaster Heritage The role of heritage research, conservation, and communication toward DRR education.」、関俊明「火山災害が学べる場所をつくる」、杉本伸一「雲仙普賢岳における災害遺構の保存と活用」、大邑潤三「大正関東

地震の石碑などから考える災害遺産の多様性と伝承の問題」、加納靖之「地震火山史料データベースの整備と活用」、矢守克也「未来の災害遺構を先どりする」などの発表が行われた。災害対応にとって重要な概念である「レジリエンス」に関して、人類史的スケールで論じた大部の研究成果（稲村ほか2022）が共同研究のメンバーである阿部健一が編者の一人となって刊行されている。また、災害史、災害文化、災害伝承、災害遺産、文化財レスキュー、地域歴史資料の保全などに関するまとまった研究成果として、すでに多くの優れた研究がある（橋本・林編2016、高橋編2014、加納ほか2021、奥村編2014、笹本2003など）。本書と合わせて参考にしてほしい。

第3節　災害思想としての風土論

人文学から自然災害を考えるときに、そこで暮らす住民がどのように災害に対応する知恵や工夫、技術を発達させて蓄積させてきたかについての災害文化だけではなく、哲学者や科学者などの知識人が災害をどのように受け止めて、どのように反省的に捉え返して、新たな思想とそれを表現する言葉を生み出してきたのかについて、哲学的・思想史的にアプローチすることも重要である。そこで手掛かりになるのが、和辻哲郎（1889-1960）の著書『風土』（1935）を代表とする近代日本で展開された風土論である。第2部「災害をめぐる思想と言葉」では、4つの章とコラムを2つ収録している。

第5章（上原麻有子）は、和辻哲郎の『風土』における「風土」という用語の成立過程を緻密に辿り明らかにした貴重な論考となっている。そのうえで和辻の風土的芸術論を取り上げ、「看護」という用語の独自の使用法から、「非-自然から自然へ」との連関を検討することで、和辻の風土的芸術論の精髄を探っている。看護によって「非-自然」を作り、「自然」を維持する考え方は、今日の自然環境破壊の危機において、いっそう重要と

第 3 節　災害思想としての風土論

なることを指摘し、「看護」による「非-自然」化の発想を生かし、風土としての看護的自然の考え方をより広く応用する必要があること、さらに風土的芸術から風土的災害の芸術の問題へ広げることを提言している。過疎地域の活性化や被災地の復興におけるアートの役割が注目されるなか、貴重な示唆を与えている。なお、関連イベントとして、共同研究のメンバーである上原と阿部が主となって企画した、たいへん充実した内容の公開シンポジウム「芸術としての風土」（2022 年 11 月 26 日〜27 日、主催：日本学術会議哲学委員会芸術と文化環境分科会）が開催されている。

　第 6 章（加藤泰史）では、リスボン大地震と関東大震災がもたらした思想的地殻変動に関して、カントの地震論と寺田寅彦の風土論を取り上げて論じている。リスボン大地震はキリスト教信仰に対する懐疑をもたらす。カントは自然固有の秩序を配慮して、「自然に順応すること」を通じて、防災を行うことが合理的であると主張する。カントの発想を「相地の学」として具体化して新たな災害学の地平を切り開こうとしたのが寺田寅彦の風土論であったと指摘している。また、和辻と寺田の風土論について、両者とも人間と自然との有機的関係を認める点で共通するが、寺田の場合は、風土的条件あるいは〈風土的合理性〉の次元を自然科学にも組み込んでおり、一方、和辻の場合は、人間と自然を二項対立的に捉える学問として自然科学を理解しており、寺田のような〈解釈学的自然科学〉の可能性は検討していないとして、両者の違いについて重要な指摘を行っている。

　第 7 章（山泰幸）では、和辻哲郎の風土論を手掛かりにして、日本列島に暮らす人々の防災観について、「台風的性格」との関係から検討している。和辻の観点によれば、家屋のあり方が風土における人間の自己了解の仕方として、すでに防災の対応を織り込んでおり、家屋で暮らすことが防災の対応そのものとなる。また家族の全体性としての家を守ることと、家屋としての家を守ることは深く結びついており、揺るぎない人間存在のあり方となる。著者はそこから防災における避難行動が抱える課題への示唆

を読み取っている。さらに、地域ごとの自然災害に対応するためには、日本人論としての風土論を越えて、地域ごとの風土に応じた複数の風土論、多重的な自然災害に応じた重層的風土論が求められること、防災と風土の哲学の実践的な取り組みが必要であると述べている。

コラム2（張政遠）では、和辻の風土論から出発し、独自の「風土学」（mésologie）を展開するオギュスタン・ベルクが福島の原発事故後に行った講演を手掛かりにして、風土と故郷の関係について論じている。ベルクが提示する風土の訳語、milieu・médianceは、風土の「土」があまり感じられないとして、フランス語のテロワール（terroir）を提案している。terre（土地）から派生した言葉であり、ワイン・コーヒー・茶などの生育地の地勢や気候の特徴を指しており、同じ語源と考えられるスペイン語のテルーニョ（terruño）は、土地と風俗と文化、先住民族の居住域＝故郷（homeland）も意味しており、風土の訳語に相応しいとする。また、北海道の開拓が、日本の風景をアイヌの島に複製し、非居住域を居住域にすることで、アイヌ人の故郷を破壊してしまったように、ロシアのウクライナ侵攻は「風土変動」を引き起こし、「故郷喪失」をもたらしている。「風土＝故郷」の衰弱性を再認識し、「故郷＝風土」を守らなければならないと結んでいる。

第8章（寺田匡宏）では、「風景が壊れることは、わたしが壊れること」であるがゆえに、風景とその人をひとつのつながった連続体として、つつみこんでとらえる視点から、風景と人の間にあるつながりを、人文の捉え方でとらえ、それを再び科学の捉え方に繋げてゆくような在り方が求められるとして、哲学におけるモニズム的立場の営為や認知科学や意識の哲学の成果を参考にしながら、従来と違った復興の道筋や方法のヒントを模索しようと試みている。コラム3（寺田匡宏）では、豊富な写真をもとに「壊れた風景」について論じている。また、同じ著者が風土学に関する成果（寺田2023）を刊行しており、合わせて読んでほしい。

風土に関して、共同研究会（2023年8月27日）では、山口敬太「風土と

まちづくり―共同体の再編と地域文化の継承・創生」の発表があった。なお、災害と哲学に関しては、高校生向けに平易に書かれているが、行き届いた充実した内容の書籍（直江・越智編 2012）が刊行されている。アジアの災害をめぐる思想に関しても、優れた研究成果（串田編 2020）が刊行されている。参考にしてほしい。

第4節　地域の現場で共創する新しい災害対応

　東日本大震災以降、東北の沿岸部に建設された巨大堤防に見られるような「防災」の発想は、ともすれば科学技術を過信する近代文明に特徴的な考え方ということもできる。しかし、災害文化に見られるように、人間の歴史を振り返れば、伝統的には人間を超えた力をもつ自然を畏怖し、自然と折り合いをつけながら、できるだけ被害を軽減することで対処してきた。また第6章（加藤泰史）で言及された寺田寅彦の風土論においても見られるように、近代知識人の思想においても、自然科学も風土的条件を組み込まなければ、自然災害に対応するのは困難という認識がすでに表れていた。実際、阪神・淡路大震災以降、大規模災害の経験を経て、普及するようになった「減災」の発想は、以上のような考え方に通じるものといえる。

　しかし、特定の地域に繰り返し発生する災害に対して形成されてきた災害文化も、気候変動にともなって、近年頻発している大規模災害に対しては、無力なばかりか、かえって誤った対応を招くことすらある。さらに、災害文化の基盤である地域コミュニティが、都市部では帰属意識が希薄となり、地方で過疎化が進んでおり、また災害に対する科学的知識や情報が増加し、災害対応をめぐる環境は様々な面で大きく変化している。その意味で、従来の災害文化がそのまま通用するわけではなく、現代社会に応じた、新しい災害対応の仕組みを創り出すための具体的で実践的な取り組みがそれぞれの地域の現場で求められる。第3部「現場に関わる人文学と協

働実践」では、各執筆者が自ら実践してきた地域の現場での取り組みを振り返り、研究者が地域に関わって、住民や関係者と協働で物事を進めていくことの意義について考察した事例報告を中心に、2つの章と3つのコラムを収録している。

第9章（岡田憲夫）では、土木計画学という自然科学畑から出発し、40年近くにわたって鳥取県智頭町の生きた現場に関わりながら、まちづくりの実践的研究を行ってき著者が、その経験をもとに2024年1月に発生した能登半島地震の被災地の地域復興プロセスへのヒントを探ることを試みている。著者によれば、現代社会は「続発する災難（Persistent Disruptive Stressors, PDSs）」に曝されており、各地域はこれを乗り越えて生き抜くための「希望」と「誇り」を「自分たちのことばで表現し合える場」を作ることが先決であり、それは「共に生き良い地域」として小さく着実に復興し続ける創造的で戦略的なまちづくりの条件となる。さらに10年、20年先を見据えた「持続可能な地域復興」とそれを支える「地域力」を戦略的に向上させていく成功モデルを積み上げていくことが不可欠という。そのためには防災科学のみならず、人文学を含むさらなる学際的な専門知の糾合が望まれる。実地域をフィールドとして地域の人たちと共に学びながら復興し続ける包括的な実践的研究のコミュニケーションの場（コミュニカティブ・スペース）の必要性を説いている。

第10章（大西正光）では、土木計画学からアプローチする著者が、桜島の大規模噴火に伴う大量軽石火山灰降下ハザードの可能性に直面するコミュニティを対象にした実践活動の経験を通じて、研究者はどのように現実の問題に向き合うのか、研究者だからこそ可能な貢献とは何かについて考察する。著者によれば、現場のやっかいな問題を解きほぐすためには、responsive な関係性を基盤にした transform が必要となる。社会で当たり前とされる「そもそも」を問う人文学の知見は、住民達が思考の罠から抜け出しジレンマを解く重要な視点であるとする。また、人間の関係性やコ

ミュニケーションに関する人文学の知見は、transform を促す場をデザインするうえで大いに役立つ。災害や防災は、人の生命、生死に関わる問題であり、「人間が生きるとはどういう意味か？」という哲学的問題ともつながっている。人文学の知は、人間の生死や生き方に関する多様な考え方を包み込む場を提供できると期待を込めて述べている。

コラム4（梶谷真司）では、哲学対話の実践者である著者が、哲学対話が急速に広まったのは、東日本大震災以降であることを指摘し、震災後に仙台市内の「せんだいメディアテーク」という施設で、哲学者の西村高宏が実践してきた哲学対話の記録、『震災に臨む―被災地での〈哲学対話〉の記録』（西村 2023）を紐解き、災害と対話の関係について論じている。著者が指摘するのは、安心して共に語り、考える場の必要性である。しかし、災害の後、突然対話の場を設けようとしても難しい。普段から様々な人たちが集まり、それぞれの立場、それぞれの思いを語り、違いを受け止めながら共に考える場を作っておくのが、災害に備えることにもなるのではないかと結んでいる。なお、著者自身による哲学対話の実践記録（梶谷 2023）が刊行されており、参考にしてほしい。

コラム5（山泰幸）では、長年、まちづくりの実践的研究に取り組んでいる著者が、地域の現場で行ってきた哲学カフェの実践について報告している。地域のなかには、人々が集まって、さまざまなテーマについて、自由に語り合うことができる場が存在しない。しかし、語り合うことがなければ、問題意識を共有することも、まして問題解決に向けて、協力して行動を起こすこともあり得ない。著者によれば、興味深いのは、哲学カフェの活動を通じて、語り合いの作法を習得した人たちが、それぞれの活動において、語り合いの場づくりの試みを展開しており、また住民、関係者、研究者がお互いの言葉、語りを学び合い、意思疎通可能な新しい言葉や語りを紡ぎ出していることである。現在、まちづくりの現場において、語り合う場をいかにデザインするのかが核心的な課題であると述べている。

コラム6（趙寛子）では、46億年の地球の歴史と人間活動の発展の過程を振り返り、人類社会が抱えているさまざまな自然災害や社会的課題としての人災を概観している。そのうえで、現在、人間と自然に対する深い理解と洞察に基づいた知恵を育むことが必要であるとする。著者によれば、他人から「尊重、信頼、尊敬」の念を受けて、互いに感謝の念を交感するとき、互いの存在の意義が充満される。皆が自分の役割に生きがいを感じ、互いに助け合えるとき、楽しさと喜びが満ち、幸福感が持続可能になる。互いを思いやり、感謝し合える社会を作ることが、究極の災害対策となると述べている。

本書では、福島での復興の取り組みについては取り上げることができなかったが、共同研究のメンバーの一人である関谷雄一と高倉浩樹の共編著（関谷・高倉編2019）があり、参考にしてほしい。また、筆者も関わっている興味深い活動として、秋光信佳・溝口勝を中心とした「福島復興知学」の取り組み（秋光・溝口編2021）があり、飯舘村を拠点とした「ふくしま再生の会」の活動（田尾2020）を含めて、参考にしてほしい。

おわりに

以上、本書に収録している各章とコラムの概要について紹介してきた。哲学、歴史学、考古学、地理学、民俗学、社会学などの人文学から、土木計画学のような自然科学まで、じつに多様な分野の執筆者が原稿を寄せていることがわかるだろう。

共同研究の総まとめとなる公開シンポジウム（2024年2月17日）において、メンバーの一人である多々納裕一が総括的なコメントをしている。序章を締め括るにあたり、相応しい内容であるので、本書の関心にそって、その要点を筆者なりに整理して紹介したい。

（1）サステナビリティの実践知としての災害対応や防災の手段のほとん

どは、実は住民のなかにある。住民が「その気」になり、実践し続けることが重要であり、そのためには、災害史や災害考古学の成果、災害遺産や災害遺構などの人文学の知見は、住民がリスクを知るうえで助けになる。(2) 実践が持続するためには、地域の風土や文化との相性が重要である。研究者が地域に関わるには、地域の歴史や文化を知ろうとすることが大切で、それは研究者と住民とがお互いに地域を発見する活動でもある。外部から研究者が地域のリスクをいくら解説しても、住民には響かない。「我々のことを少なくとも理解しようとしてくれている」と受け取ってもらえて、初めて研究者が地域に関わることが可能となる。このような地域との関わり方について、人文学には多くの蓄積がある。(3) やる気を失わないためには、活動の意義を自分のものとすること。そのためには活動の意義、協働・継続する意義を表現する言葉を生み出すことが必要であり、それは新たな知を創造することでもある。その点で人文学の知見は、現場で役に立つ。(4) アジアには「弱々しい人間は自然の力を借りながら、災害をやり過ごす知恵を持たなければならない」という人間観があるのではないか。これに関連して、防災においては、レジリエンス（Resilience）という重要な考え方があり、①変化に対する抵抗力（Resistance Capacity）、②回復可能性（Recoverability）、③変化可能性（Transformability）が含まれるが、特に3番目の変化可能性（Transformability）に関して、「変わっても（生き）残るものは何か」、「我々のアインデンティティとは何なのか」について、ともに考えて認識を共有することが重要であり、この点に関しても人文学は貢献ができる。以上のような整理を踏まえて、(5) 東アジアの風土や文化のなかでサステナビリティの実践知を紡いでいくための活動、岡田憲夫の言う「語り交わし編み合う学融の場」づくりを今後も続けていくことを確認している（多々納2024年2月17日のコメントを筆者要約）。

現在、気候変動にともない、大規模災害が頻発し、災害対応は人類に

とってその存亡に関わる最重要の課題となっている。多様な分野の研究者が集まり、その知見や知恵、技術を結集して、かつ住民や関係者、みんなが問題意識を共有し、実際に行動に移して、協力して対応する必要がある。災害対応は、まさしく文字通りの意味で「総合問題」なのである。そのためには、お互いの専門分野の言葉の壁を越えて、意思疎通することが必要となる。しかし、これがたいへん難しいのである。

　長年、まちづくりの現場に関与しながら筆者が感じていることは、研究者の使用する言葉は、地域の人々には通じないし、研究者も自分の言葉が相手に通じていないことに気づいていない。さらに地域の人々の話す言葉がわかっていないし、わかっていないことにも気づいてない場合が多いことである。同じく日本語を使用しているからといって、じつはほとんど通じていないのではないかと思われる。このことは、専門が異なる研究者の間も同様で、むしろ研究者同士の場合が、もっと言葉が通じていないのではないかと感じている。近年、異なる分野の専門家との学際的協働、市民や地域住民も含めた超学際的協働が求められているが、言葉が通じなければ、協働どころか、その手前で躓いてしまうだろう。ここには切実な問題としての「翻訳」問題がある。このような状況を少しでも乗り越えていくためには、通じ合える言葉を紡ぎ出すための小さな語り合う場を確保することが必要となる。そのためには、人びとが集まって、実感をもって安心して語り合えるような小さな場、岡田憲夫が提唱する言葉を借りれば、「コミュニカティブ・スペース」が必要なのである。自由に語り合い、互いを知り、問題意識を共有し、少しでも何かを一緒に協力して変えていくことができるような場、言い換えれば、広い意味での「共感」が生み出される場が必要なのである。

　本書の出発点となった共同研究もまた、人文学から自然科学まで専門分野を異にする多様な分野の研究者が集まり、小さな語り合う場にともに身をおいて、実感をもって、それぞれの言葉を学び合い、通じ合える言葉を

紡ぎ出す貴重な試みであったということができるだろう。

　さまざまな現場において、小さな語り合う場をいかに確保するか。いま、その知恵と工夫が求められている。本書もまたそうした試みの一つとして、ささやかではあるが、しかし着実な一歩になることを願っている。

　　付記
　本書は、京都大学人文科学研究所の共同研究班「東アジア災害人文学の構築」（2021年度～2023年度）の成果の一部を、広く一般読者と共有するために、まとめられたものである。共同研究はコロナ禍のため第 1 回目からオンラインでの開催となり、最終年度 3 年目になって、ようやく対面での実施が可能となった。たいへん難しい運営であったが、向井副班長をはじめとする共同メンバーの方々に支えていただき、3 年間で計 15 回の研究会を開催することができた。そのうち、毎年、国際総合防災学会（IDRiM）にてセッションを組み、ソウル大学日本研究所と国際シンポジウム「ポスト災害―復興時代、東アジア災害人文学の可能性」（2022 年 3 月 17 日 -18 日）を共催し、北京外国語大学の国際フォーラム「2022 中日韓区域合作与発展論壇」（2022 年 5 月 27 日）に参加し、「中日韓災害防治与安全保障国際合作」をテーマにセッションを組むことができた。ソウル大学、北京外国語大学、国際総合防災学会（IDRiM）などの関係機関の方々にはたいへんお世話になった。心より感謝したい。
　本共同研究は、筆者の学部生時代の恩師である京都大学人文科学研究所所長（申請時）の岡村秀典先生（現在、京都大学名誉教授）に相談したことをきっかけに実現したものである。長年にわたるご指導ご支援に心より感謝したい。また本書の執筆者以外にも、共同研究のメンバー、研究会のゲストスピーカー、国際シンポジウムの登壇者などとして、じつに多くの方々に支えていただいた。特に京都大学防災研究所の方々には献身的に支えていただいた。ここに御名前を記して感謝したい。
岡村秀典、岩城卓二、矢木毅、村上衛、平岡隆二、都留俊太郎、冨井眞、中北英一、多々納裕一、矢守克也、山口敬太、清水美香、阿部健一、関谷雄一、加納靖之、大邑潤三、嶋田奈穂子、鍾以江、陳亮全、郭連友、金暎根、全成坤、伍国春、Yoann Moreau、朴承賢、井口正人、松田陽、Girolamo Ferdinando DeSimone、Yuri Romero Hurtado、関俊明、杉本伸一（敬称略）。

　　参考文献
秋光信佳・溝口勝編 2021『福島復興知学講義』東京大学出版会
李善姫・高倉浩樹編 2023『災害〈後〉を生きる―慰霊と回復の災害人文学』新泉社
稲村哲也・山極壽一・清水展・阿部健一編 2022『レジリエンス人類史』京都大学学術出版会

植村善博・関口康弘・大邑潤三 2023『日本禹王事典』古今書院

岡田憲夫 2015『ひとりから始める事起こしのすすめ：地域（マチ）復興のためのゼロからの挑戦と実践システム理論　鳥取県智頭町30年の地域経営モデル』関西学院大学出版会

小川伸彦 2015「言葉としての「震災遺構」──東日本大震災の被災構造物保存問題の文化社会学」『奈良女子大学文学部研究教育年報』第12号

奥村弘編 2014『歴史文化を大災害から守る──地域歴史資料学の構築』東京大学出版会

梶谷真司 2023『哲学対話の冒険日記──われら思う、ゆえにわれらあり』あいり出版

加納靖之・杉森玲子・榎原雅治・佐竹健治 2021『歴史のなかの地震・噴火──過去がしめす未来』東京大学出版会

関西学院大学災害復興制度研究所・高麗大学校日本研究センター編 2013『東日本大震災と日本──韓国からみた3.11』関西学院大学出版会

串田久治編 2020『天変地異はどう語られてきたか──中国・日本・朝鮮・東アジア』東方選書

笹本正治 2003『災害文化史の研究』高志書院

関谷雄一・高倉浩樹編 2019『震災復興の公共人類学──福島原発事故被災者と津波被災者との協働』東京大学出版会

田尾陽一 2020『飯舘村からの挑戦──自然との共生をめざして』ちくま新書

高倉浩樹・山口睦編 2018『震災後の地域文化と被災者の民俗誌──フィールド災害人文学の構築』新泉社

高橋和雄編 2014『災害伝承──命を守る地域の知恵』古今書院

田中二郎 1986「災害と人間」田中二郎・田中重好・林春夫共編『災害と人間行動』東海大学出版会

張政遠・山泰幸 2024「所長対談『復興のカタチ』」FUKKOU Vol.55

寺田寅彦 1935「災難雑考」山折哲雄編 2011『天災と日本人　寺田寅彦随筆選』角川ソフィア文庫

寺田匡宏 2023『人新世の風土学──地球を〈読む〉ための本棚』昭和堂

直江清隆・越智貢編 2012『災害に向きあう』岩波書店

橋本裕之・林勲男編（2016）『災害文化の継承と創造』臨川書店

林勲男 2016「災害文化」野呂雅之・津久井進・山崎栄一編『災害対応ハンドブック』法律文化社

西村高宏 2023『震災に臨む──被災地での〈哲学対話〉の記録』大阪大学出版会

山泰幸 2022「災害遺構の活用を考える──桜島の大正大噴火の黒神埋没鳥居を訪ねる」FUKKOU Vol.49

山泰幸 2023「韓国ソウル群集事故〈梨泰院惨事〉を考える」『災害復興研究』第14号

矢守克也（2011）『増補版〈生活防災〉のすすめ　東日本大震災と日本社会』ナカニシヤ出版

第 1 部

災害をめぐる歴史と東アジア

第 1 章

滋賀県下の明治29年水害記念碑

市 川 秀 之

はじめに

　2011年の東日本大震災を契機として、災害に関わる石碑の研究が多く生み出されている。また2019年には国土地理院も、自然災害伝承碑の記号を作り、ウエブ上の地図にそれを掲載している。その数は2024年8月24日現在で、2173基となっているが（国土地理院HP）、今回フィールドとする滋賀県についてみればその数は29基に過ぎず、いまだその掲載状況は過渡期的なものである。この新規の記号の導入は、国土地理院によれば「災害を身近に」感じ、「防災教育」などに資すという目的でのものである（研川ほか2020）。またこのような災害碑の存在が、住民の防災意識の醸成に効果があったり、津波などの被害抑制に一定の効果があったとする研究もある（田澤2020、斎藤・廣井2020）。

　筆者自身は震災の研究をしている訳ではないが、東日本大震災後何度か東北を訪れ石巻市の大川小学校やその周辺の過去の災害碑などを見るにつけ、本当に災害伝承や災害碑は住民の防災意識や具体的な防災行動に役に立ってきたのかという疑問を感じざるを得なかった[1]。また筆者は過去に何度も水害に悩まされてきた大阪府大東市の旧深野南新田で、地元のみなさんと一緒に水路などの調査をしてきた。大東水害は1972年のことであり、その後も長く行政に対する訴訟がおこなわれたが、そのような地域でも新住民のなかには今も0m地帯であるこの地の災害の歴史をほぼ知らない人が多くいることに驚いたことがある。

北原糸子や卯花政孝は 2011 年以前より三陸地方の津波石碑の調査を進め多くの事例を報告しているが（北原 2002）、そのような災害碑が存在する場所も 2011 年の津波では大きな被害を受けている（北原・卯花 2012）。災害碑が建立されていてもその災害の時代と、次の災害の時代との間隔が長くなると災害碑の存在が顧みられなくなるのではないか、災害の経験が碑や伝承を通じて継承されている場合があるのであればそこにはどのような条件下にあるのか、などの疑問が生じる。この問題について考察することは、今後の災害対策の一助となる可能性がある。

このような問題意識のもと本章では、災害が生じてすでに 130 年近くになる滋賀県下の明治 28 年・29 年（1895・1896）の水害記念碑を取り上げ、碑の全体的な状況を俯瞰したうえで、それが建立された状況と、現在の住民にそれがどのように認識されているかについて考察をすすめることとしたい。滋賀県下の水害記念碑については、岡田金丸の包括的な調査があるが（岡田 2017）、これに掲載されていないものもあり、またその建立目的や現状を探る意味から今回はすべての事例について現地調査を実施することとした。

第 1 節　滋賀県下の明治 28 年・29 年の水害

最初に滋賀県で多くの水害記念碑が作られる契機となった明治 28 年・29 年の水害について『滋賀県災害誌』をもとに概観しておきたい。

明治 28 年水害は、7 月最初から雨天が続き、7 月の雨量が 504 ミリに達し、8 月も 6 日まで連日雨が続いたために生じたもので、7 月 29 日より湖北地方を中心として、姉川・余呉川などで堤防決壊が生じた。姉川では平水位より約 22 尺（6.6 m）水位が増した。その結果、滋賀県北部である坂田・東浅井・伊香・高島の各郡で大きな被害があった。死者は 3 人、破損した家屋は 1078 棟、浸水した家屋は 4559 棟、堤防破壊は 945 か所に及ん

表1　明治29年9月の彦根の日雨量

9月	1日	2日	3日	4日	5日	6日	7日	8日	9日	10日	11日	12日	計
日雨量 mm	—	—	0	10	4	23	597	162	81	107	4	20	1008

(『滋賀県災害誌』24頁)

だ。ことに後に取り上げる虎姫村では田川に姉川などの水が逆流し全村ほとんど水中に没するという状態で、長浜より船を出して救出をおこなった。

　翌29年9月の水害は前年をさらに上回るもので滋賀県だけではなく全国的に被害があった。滋賀県では9月に入ってから雨が降りやまず、4日から12日までの雨量は1008ミリに達した。例年の年間雨量の3分の1が10日足らずの間に降ったことになる。ことに7日は597ミリという記録的な大雨であった。滋賀県の水害は28年に見られた河川からの溢水あるいは破堤によるもののほかに、琵琶湖の水位が上昇して湖岸地域が浸水するという特色があるが、29年水害では両方に起因するものが見られた。琵琶湖の水位は12日には平水位より4.02m上昇した。雨そのものは10日から少なくなっていくが、この12日の水位の上昇は強い風によるものである。また琵琶湖に流れ込む諸河川でも堤防の決壊が生じている。この時期はどの河川でも連続堤防がまだ完成しておらず、不連続堤防が多くみられたが、水当りの強い場所に設けられた堤防も決壊し。堤防破損延長は35910間（約65km）になっている。死者は29人、破壊家屋は26365棟、床上浸水は35627棟、床下浸水は22764棟であった（滋賀県・彦根地方気象台編1966）。

　この時期は下水道がなくすべて汲み取り便所であったため浸水の影響は多く、水害後に伝染病の流行などもあった。また稲の収穫前の時期の水害であり、多くの水田の収穫が皆無であったため、この水害を契機として湖岸の彦根市南部地域ではカナダなどへの移民が増えたと言われている。

第 2 節　彦根市南部の明治 29 年水害碑

　明治 28・29 年の水害の状況は以上の通りであるが、滋賀県下でこれまで見出した明治 28 年・29 年の洪水碑は計 22 基である。その多くが広域での被害があった 29 年水害に関連したものである。ここではまず水害記念碑が集中的にみられる彦根市南部の事例についてみておきたい。

　彦根市南部には全部で 7 基の水害記念碑がある。いずれも花崗岩製の角柱であり頂部はやや丸く仕上げられている。正面に「明治廿九年九月十二日　洪水最高標」との刻字があり、他面には刻字がない。他の碑でよく見られる水位を示す横線はないので、頂部の高さが洪水の最高水位を示すと思われる。7 基は表 2 の通りであるが、いずれも公民館や寺院、神社の前など集落の主要地点で人目につきやすい場所に建立されている。下西川の法圓寺境内のものは寺内にあるために目立ちにくいが、これはかつては道路側にあったものを道路拡張工事に伴って境内に移転したものだという。この 7 基の形態および刻字はまったく同様のものであり、同じ時期に同じ石屋の手によって建立されたものであることは間違いがない。この 8 集落および彦根市田原は明治 22 年（1889）の町村制施行から昭和 30 年（1955）の間はいずれも愛知郡稲村に属していたので、この石碑群も稲村あるいはその関係団体によって建てられた可能性が高い。建立年代は不明であるが、刻字や石材の状況からみて明治から大正期のものであるとみられる。

　この石碑群のうちもっとも琵琶湖に近い場所にある石寺の石碑①および水害の状況をみてみたい。石寺は集落が上石寺と下石寺に分かれており、自治会活動なども別におこなわれている。水害碑があるのは下石寺の公民館の前である。筆者はかつて下石寺の住民と一緒に区有文書の整理や読解、史料集作りをしたことがあり、その過程で同地区のさまざまな伝承などについてもお聞きする機会があった。下石寺は湖岸の環濠集落で琵琶湖にそって低い浜堤が形成され、集落部分は周囲の水田より 1 m 程度高くなっ

表2　彦根市南部の明治29年水害碑

番号	所在地	建立場所	建立年
①	彦根市石寺	公民館前	不詳
②	彦根市上岡部	ふれあいセンター	不詳
③	彦根市上西川	法圓寺	不詳
④	彦根市甲崎	妙光寺	不詳
⑤	彦根市薩摩	無量寺横	不詳
⑥	彦根市下西川	日吉神社前	不詳
⑦	彦根市柳川	公民館前	不詳

ている。断面でみると琵琶湖の平水位は84.371 m、浜堤の高さは約87.2 m、集落周囲の水田は85.7 m、集落部分は標高約87 m程度であるが、寺や石碑がある公民館の場所は少し高くて87.1 m程度である。水害記念碑の頂部の高さは88.16 mであり、これはこの時の洪水最高水位にほぼ等しい。この碑がこれまで移転されているのか否かは不明であるが、少なくとも高さについては建立当時のものをほぼ保っていると考えられる。

　この水害記念碑頂部の高さは集落部分の地表面よりも1 m程度高く、床上浸水の水位を遥かにしのぐものである。地元の人の話ではふすまの引手のところまで水がきたということである。また寺院は床が高かったため浸水しなかったと伝承されている。住民が老人から聞いた話ではこのときに荒神山に逃げたり、荒神山の向こうにある堀集落まで逃げたということであった。これはかつて低湿地であったこの地区では水田に耕作に行くにもすべてホリと呼ばれる水路を用いており、各家には複数の田舟があったこととも関連している。

　下石寺区有文書では明治18年（1885）水害においてもこの地区ではほぼ全戸が浸水被害を受けていたことがわかる。ただこの二度の水害で甚大な被害を受けたとはいえ、この地区やその周辺では死者が出ていないことにも注目すべきであろう。滋賀県全体でも明治29年水害では死者数は29

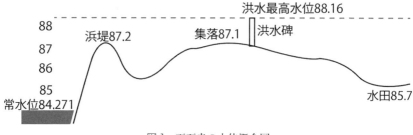

図1　下石寺の水位概念図

名であり、これは被害の範囲や規模が非常に大きいことに比して少ないという印象を受ける。また県内で死者・行方不明者が多かったのは蒲生郡（11名）、甲賀郡（4名）などであり、これらはいずれも琵琶湖の増水よりも河川の決壊や土砂崩れによるものと思われる。湖岸部で死者が少なかったのは先述の通り当時はほとんど家に田舟がありそれで逃げることが可能であったためと考えられる。

　この洪水の最高水位を等高線を参照して引いたのが図2の線である。また稲村の各集落の被害状況は表3の通りである。一番高い場所にある田原は被害戸数が0であるが、ほかは4割～9割の家が被害を受けている。そしてこれらの集落に水害記念碑が建立されている。

　それとともに表3からは各集落の戸数が明治20年に比べて大正5年には大きく減少していることが読み取れる。岡部のなかでも被害がなかった上岡部を除く全集落で戸数が減っており下岡部では半数以下、多くの集落では10軒以上が減少している。これは言うまでもなく明治29年水害で家屋、耕地が大きな被害を受けたためである。被害戸数0の田原でも減少しているのは耕地の被害によるものであろう。各集落の年度別の細かな数字はわからないが、稲村全体の年ごとの推移は表4のようになる。全体の戸数は明治28年に653戸であったのが水害のあった翌29年には610戸となっている。また戸籍人口は変化をしていないが、現在人口（実際に住んでいる人）は270人減少している。これは本籍はそのままにしてこの地を

第 2 節　彦根市南部の明治 29 年水害碑

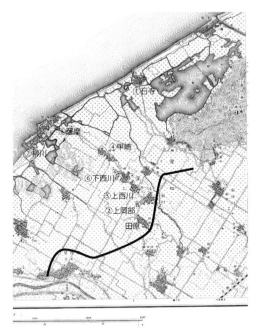

図2　彦根市南部の明治 29 年洪水碑所在集落と浸水範囲

表3　稲村の各集落の被害戸数と戸数の推移

	明治 29 年水害被害戸数	明治 11 年 (1878) 戸数	明治 20 年 (1887) 戸数	大正 5 年 (1916) 戸数
下岡部	46	61	59	23
石　寺	130	149	148	138
薩　摩	118	162	141	115
柳　川	55	67	57	49
甲　崎	54	59	64	58
下西川	48	58	62	52
上西川	38	53	50	50
上岡部	34	74	63	67
田　原	0	62	65	49
計	523	745	709	601

（被害戸数は『琵琶湖治水沿革誌』、戸数は『滋賀県市町村沿革史』より）

表4 稲村の各集落の戸数の変化(『滋賀県市町村沿革史』より)

	戸数(戸)	現在人口(人)	戸籍人口(人)
明治 23	669	3301	3471
明治 24	652	3309	3472
明治 25	649	3275	3451
明治 26	639	3272	3416
明治 27	652	3262	3433
明治 28	653	3293	3451
明治 29	610	3023	3451
明治 30	623	3003	3465
明治 31	622	3219	3489
明治 32	636	3201	3519

離れた人が多かったことを意味している。個人的な移動であるから都市への流入が想定できるが、一部はカナダなどへの海外移民も行われた[2]。

　このように彦根市南部の旧稲村地域では特に明治29年水害によって大きな被害があり、その後、水害記念碑が建立され今日も残されている。問題はこの水害記念碑がどのように住民に認識されているかである。筆者が調査をした下石寺では60代以上の世代はほぼこの碑の存在や、その建立要因となった明治29年の水害について知っており、どこまで水がきた、どこに逃げたといった情報も親世代からの伝承によって知っている。ただより若い世代についてはそのような知識は少なく、最近自治会で作成した防災マップにもこの災害碑は記載されていない。またこの碑や水害にかかわる行事も行われていない。これは他の6地区についてもほぼ同様である。ただ稲枝北小学校においては4年生の授業の一環として、この水害記念碑をまわる校外学習を行っており、碑が建っている寺院の住職などが解説をしている。

第3節　滋賀県下の明治28年・29年水害碑

　滋賀県下における明治28年・29年水害碑の一覧が表5である。全体について簡単に解説を加えておきたい。なお①〜⑦は既述のため省略する。

⑧大津市大萱の善念寺の石垣の隅石に字が刻まれており、独立した形の碑ではない。昭和48年（1973）に地元の個人によって石が寄付されている。この石の下には石垣の一部に横線が刻まれており、刻字はその線が「明治廿九年九月二十三日の水位である」ことを記しているが、この日付は洪水が最高水位に達した12日より十日ほど後であり、何らかの間違いかと思われる。

⑨瀬田の唐橋にほど近い西光寺の門前に建つ石柱である。現在の住職の父親（先代住職）が昭和54年（1979）に建立したものである。先代住職は学校の教師もしていて歴史に関心が深かった。そのころはまだ附近に水害のあとを残している家があったが、次第になくなっていくので水位を示す碑を建立した。最初は境内の内側の鐘撞堂の横に立っていたが、市役所の人に目立つところに立ててほしいと言われて現在の場所に移転したという。

⑩現在は大津市下坂本の酒井神社境内隅に建てられているが、かつては現在地より50ｍほど東側（琵琶湖側）の両社の辻の東南隅に建てられていたという。道路拡張のために現在の場所に移転したといわれるがその時期はわからない。辻にあったときは石垣の土台がありその上に碑がたてられていたが、現在はその土台が失われており、水位はもとの状態を示していない。この碑には明治29年9月12日の水位以外に、明治元年（1868）5月20日、明治18年（1885）7月3日、万延3年（1862）5月17日の洪水水位も記載されている。ただ万延は2年までしかないので文久2年のことかと思われる。明治29年水害からちょうど2年後の9月11日に建立されたものであるが、建立の主体は不明である。下坂本周辺は

表5 滋賀県下における明治28・29年水害記念碑

番号	所在地	建立場所	年代	刻字内容
⑧	大津市大萱3丁目	善念寺石垣	昭和46年(1971)8月	「この下の横線は明治廿九年九月二十三日の水位である」「昭和四十ロ九年八月記之　松田源祐　明治十六年五月生」
⑨	大津市瀬田1丁目	西光寺門前	昭和54年(1979)4月	「上の横線は明治二十九年九月十一日琵琶湖大洪水の時の水位である」「昭和五十四年四月建之」
⑩	大津市下坂本	酒井神社境内	明治31年(1898)9月11日	「(横線)洪水位　明治二十九年九月十二日洪水(読めず)」「明治元年五月二十日洪水位　明治十八年七月三日（土中よめず）　万延三年五月十七（土中よめず）」「水量最高一丈二尺八寸　常水位二尺七寸」「明治三十一年九月十一日建之」
⑪	大津市堅田	堅田小学校正門横	平成10年(1998)11月8日	「琵琶湖大洪水〇〇」「(横棒)推定洪水位　明治二十九年（一八九六年）九月十二日　琵琶湖水位三メートル十五センチ」「淡海堅田自然の恵みと共生」「大津市制百年記念　平成十年十一月八日建之」
⑫	草津市矢橋	矢走交叉点西北墨広場	平成6年(1994)3月	「ふれあいの塔（横線）明治二十九年琵琶湖大洪水　水位三・七メートルまで増水」「交通安全　昭和三十三年に全線開通した県道近江八幡中主瀬田線（通称浜街道）は、湖南の主要道路として利用され特に交通量も多いため通行の安全確保が求められる。」「矢橋は古くより琵琶湖の水上交通と深く結びついた湖南の要港として栄えたところで特に江戸時代には大津市石場との間の渡船場として往来が盛んであった。近江八景「矢橋の帰帆」は全国にその名をよく知られている。」「平成六年三月吉日建之」
⑬	長浜市高月町唐川	唐川集落内		「洪水々点標」「明治廿八年七月九日」
⑭	長浜市木之本町大音	まゆの郷広場東北隅	明治29年(1896)	「明治廿九年（読めず）」「洪水最高（読めず）」
⑮	長浜市虎姫町田町	虎姫町づくりセンター庭	平成21年(2009)11月	「明治期水害水点標」「(横線)明治二十九年九月七日水点　(横線)明治二十八年七月三十日水点」「明治二十八年（一八九五年）二十九年（一

第3節　滋賀県下の明治28年・29年水害碑

				八九六年）滋賀県では記録的な豪雨に見舞われ、虎姫村でも西部五カ字の常襲浸水地帯は言うに及ばず、全村で甚大な被害を受けた。資料に、「東浅井郡虎姫村は、田川の河水停滞により、姉川・高時川の水逆流し、全村の家屋殆ど水中に没し、住民は、天井あるいは屋上に難を避けて頻りに救いを求めたが、水深く、長浜より舟数十隻をもってきて救助した」との記録がある。水害の怖ろしさを後世に伝えるため、五村、念信寺の旧本堂向拝柱には、両年の水害水位を示す水点標二枚が打ち付けられていた。しかし、県道丁野虎姫線に伴う工事により寺院が移転されたため、水点を示す石碑を新たに作成し、この場所に写したものである。　平成二十一年十一月建之　虎姫町」
⑯	東近江市伊庭	謹節館入口	平成9年（1997）8月	「（横線）浸水位　明治二十九年大洪水碑」「平成九年八月建之」「寄贈仲村人生」
⑰	東近江市伊庭	大浜神社境内	平成9年（1997）8月	「（横線）浸水位　明治二十九年大洪水碑」「平成九年八月建之」
⑱	東近江市小川	八宮赤山神社境内	明治31年（1898）3月	「浸水位之標」「明治三十有一年三月建*」「一・去明治廿九年九月之洪水者前古不有者也　本社之浸水以此石票一字形之処為最高位　為記念建之云爾」
⑲	守山市幸津川	浄宗寺		「大水害最高水位」「明治二十九年九月十二日　浄宗寺」
⑳	守山市幸津川	大水口神社	平成8年（1996）9月7日	「川切れ百周年記念　治水愛水野洲川の郷」「平成八年九月七日　自治会長　樋上○○（以下人名7人）」
㉑	野洲市吉川	吉川宅	大正4年（1915）11月	「奉灯」「大正四年十一月」「横棒は明治二十九年九月　万延元年三尺七寸五分　慶応五年五月一尺八寸五分　明治十八年七月三尺三寸　（横線）洪水位」
㉒	高島市深溝	深溝郵便局前交差点	平成16年（2004）3月	「（横線）明治二十九年（一八九六）九月七日深溝村大洪水時の水位を示す」「平成十六年（二〇〇四）三月建之　深溝自治会」

滋賀県下でももっとも浸水被害が多かった場所である。

⑪大津市立堅田小学校の校門を入ってすぐの場所に建てられているが、洪水に関する記載は内側を向いていて校外からは見えない。大津市制100周年を記念して平成10年（1998）11月8日に地元の団体によって建立されたものである。

⑫草津市矢橋の浜街道沿いの交差点に設けられた小広場に平成6年（1994）に「ふれあいの塔」として建立されたもので、交通安全や地域の歴史についても記されている。その一面に明治29年水害の水位が記されている。

⑬長浜市唐川集落の中心の交差点隅に建立されている。明治29年7月の水位を示したものである。

⑭賤ケ岳のふもとにある長浜市大音集落の南にある広場の隅に建てられている。摩滅が著しくかろうじて「明治廿九年」と読めるが、この地域は29年水害では被害がなく、やはり28年水害に関連したものであろう。付近の人複数にお聞きしたがこの碑の意味について知る人はいなかった。

⑮長浜市の虎姫町づくりセンターの庭の一角に建てられた大きな碑で、28年、29年水害の水位が記され、碑が建てられた由来も細かく記されている。近くにある寺の柱に水位を示す板が打ち付けられていたが、道路拡張によって寺院が移転することとなったのでこの碑を平成21年（2009）に建立したものである。

⑯⑰　⑯は東近江市伊庭集落の公民館や旧小学校である勤節館のある広場の入口付近に建立されている。平成9年（1997）に元能登川町長であった人物によって建立されたものである。現在の場所から100ｍ西側の家の壁に水位を示す看板がつけられていたが、老朽化してきたために洪水碑を建てたものだという。同じ内容の石柱⑰が大浜神社の鳥居横に同時に建立されている。

⑱東近江市小川の八宮赤山神社の本殿を囲む垣の内部に建立されたもので、

第4節　水害碑の建立事情

明治31年（1898）3月に29年水害の水位を示した碑である。建立の事情や主体はわからない。

⑲守山市幸津川集落の中心にある浄宗寺の門前にある釣鐘堂の横に建立。明治29年9月12日と洪水の日が記されるが建立年は不明である。石の状態からみて戦後のものと思われる。

⑳やはり幸津川の大水口神社の境内に建立。平成8年（1996）9月7日に「川切れ百周年」を記念して当時の自治会長が中心になって建立したものである。この場所では毎年記念の神事が行われ自治会の役員が出席している。

㉑民家の庭に建てられた灯篭であり、その竿の部分に水位を示す横線が示されている。これは明治29年（1896）9月、万延元年（1860）、慶応5年、明治18年（1885）の水位を示す。ただ慶応は4年までしかないので慶応5年は明治2年のことか。この灯篭がもとからこの民家にあったのかは不明である。

㉒高島市深溝集落の中心にある交差点の脇に建てられた碑であり、横に琵琶湖治水に努めた藤本太郎兵衛顕彰会の看板がある。平成16年（2004）に自治会によって建立されたものであるが、当時の自治会長が中心になった。この人物は治水に熱心で、夫人も藤本太郎兵衛の本を書いたり顕彰会の事務局長を務めている。

第4節　水害碑の建立事情

　現在まで確認したのは以上の22基であるが、これは今後の調査によって増加する可能性がある。このうち⑭⑮は明治28年水害の碑である。また⑩⑮は明治29年を中心にしながらもその他の水害の水位なども記している。

　碑の建立時期については、水害の直後に建立されたものと、それから随

分年月を経て建立されたものに分かれる。⑩は明治31年9月11日の建立で、明治29年水害からちょうど2年後にあたる。⑭は28年水害の1年後である29年に建立されたものである。⑱も明治31年3月の建立で、29年水害から1年半後の建立である。㉑は大正4年の建立であり、明治29年水害から30年目にあたる。この碑だけは災害から一世代を経た建立である。いずれも災害当年の建立はなく、このような碑が建立されるには、災害の被害が落ち着き、災害を振り返り今後のことを考えるためのある程度の時間が必要であったことがわかる。

　それ以外の碑は、明治期の水害から随分年月を経て建立されたものである。建立の時の事情がわかるのは比較的近年のものだけであるが、以下述べていきたい。

　⑪は大津市制100周年を記念して建てられたもので、必ずしも水害碑としての性格だけのものではない。ただ裏側に明治29年水害の最高水位が記されているので、当時としてもやはりこの件については明治以後の記載すべき事項として認識されていたことがわかる。⑫も同様の性格をもっており、古くからの交通の要所であった草津市矢橋の歴史などに加えて、29年水害について記されている。⑮⑯⑰はそれまで洪水の水位を示していた建物などが、老朽化や移転するために新たに石碑として作られたものである。家の壁や柱に洪水のあとが残っていたという話は各所で今も耳にすることがあり、それが年月を経てなくなっていく中で水害の記憶を後世に伝えるために作られたものである。それ以前は建物などがある種の記念碑の機能を担っていたこともわかる。⑳は水害から100年を記念して建立されたものである。暴れ川として知られた野洲川にほど近い守山市幸津川は明治29年水害のあともたびたび災害に襲われており、そのような環境からこのような碑が建てられたのであろう。この碑の前では現在も神事がおこなわれている。これは碑に関連する行事が定期的におこなわれている唯一の例である。㉒は当時の自治会役員の強い思いもあって建立されたもので

あるが、この地が近世に治水に努めた藤本太郎兵衛の出身地であり、地元ではこの人物の顕彰会が組織されているなど治水への関心が強かったことも水害碑建立に大きく影響している。

お わ り に

　明治29年水害は滋賀県だけではなく全国的に大きな被害をもたらした。同年に成立した河川法などによって河川の整備が進み、淀川流域の整備も進められた。琵琶湖に関しては明治38年（1905）に南郷洗堰が完成し、戦後には琵琶湖総合開発事業が行われ、洪水の危険は少なくなっている。しかしながら平成25年（2013）9月の台風18号では記録的な大雨となり、南郷洗堰は下流部の被害を少なくするため41年ぶりに全閉された。このこともあって高島市を中心に床下浸水439戸、床上浸水49戸の被害があった。その後も平成29年（2017）10月の台風21号でも南郷洗堰が全閉されるなど、琵琶湖による水害の可能性が完全になくなったわけではない。

　このような水害の可能性を鑑みて、再度明治期の洪水碑の意味合いを考えてみると、なかには⑳のように行事が行われている事例もあるが、大半については60歳以上の年齢の住民は碑の意味合いを認識しているものの、それが下の世代に伝承されているとはいいがたい状況にある。石碑を建立した世代の方からはそれに対して不満や不安を聞くこともあった。近年、国土地理院によって自然災害伝承碑が地図に掲載されるようになったことは評価すべきであるが、大半の市の文化財マップや防災マップなどには洪水碑の記載はなされていない。

　今後、災害碑を用いながら災害の記憶を伝承するためには、災害碑を可能な限り現位置においてそのままの高さで保護することに加えて、行政や地元自治会などによる適切な説明と情報の発信、儀礼だけではなく水害の日に防災訓練などをするなどの形での行事化、学校教育などを通じた次世

代への継承、などの取り組みが不可欠であろう。

註
1) 大川小学校近くの旧北山村内には複数の昭和三陸地震の碑が存在する。
2) 彦根市南部ではカナダへの移民が明治期から多かったが、その多くは明治29年水害のあとであり水害との関係が考えられる。

参考文献
岡田金丸 2017（2019改訂）『洪水碑を訪ねて』近江道標研究会
北原糸子 2001「東北三県における津波碑」『津波工学研究報告』(18)
北原糸子・卯花政孝・大邑潤三 2012「津波碑は生き続けているか：宮城県津波碑調査報告」『災害復興研究』(4)
齋藤悠介・廣井悠 2020「津波伝承において津波碑が人々の災害前の防災意識に与える影響：南海地震津波被災地域を例に」『都市計画論文集』55 (3)
研川英征・後藤雅彦・大角光司・栗栖悠貴 2020「自然災害伝承碑の情報公開」『日本地理学会発表要旨集』
滋賀県・彦根地方気象台編 1966『滋賀県災害誌』
琵琶湖治水会 1925『琵琶湖治水沿革史』第1編
滋賀県市町村沿革史編さん委員会 1964『滋賀県市町村沿革史』第参巻
田澤実 2020「自然災害伝承碑と住民の防災意識：埼玉県加須市のカスリーン台風を事例にして」『生涯学習とキャリアデザイン』18 (1)
国土地理院ホームページ https://www.gsi.go.jp/bousaichiri/denshouhi.html（2024年9月17日閲覧）

第 2 章

中国における禹王の治水功績遺跡と伝承

植村善博・竹内晶子

はじめに

　古代中国の伝説上の禹王（中国では大禹）は黄河の治水を成功させた英雄、夏王朝の開祖となった聖王として知られる。禹王は治水英雄、治水神として崇敬され、各地に禹王の伝承や禹跡が残されている。近年、中国では「中華民族の偉大な復興」の施策として、禹王遺跡や禹王文化の研究が活発に進められている。特に、浙江省紹興市は政府公祭「大禹陵典礼」を毎年開催するとともに、323件の禹王遺跡を示した『中国禹跡図』（紹興市鑑湖研究会主編2022）とその解説書である『中国禹跡図導読』（邱・張主編2024）を刊行した。これらにより中国全域の禹王遺跡の実態が初めて公表された価値は大きい（竹内2023、植村2024）。また、禹王文化に関する研究も進展し、その成果として周主編（2011）、劉主編（2012）、劉主編（2020）などが出版されている。日本では『日本禹王事典』（植村・関口・大邑2023）および『日本禹王遺跡分布図』（治水神・禹王研究会2022）が刊行された。
　ところで劉主編『大禹文化学導論』（2020）は最新の研究成果を要約しており、大禹文化遺跡を出生、婚姻、治水、立国、墓葬に5分類した。これは禹王のライフサイクルにしたがって遺跡を区分した注目すべきもので、出生遺跡4件、婚姻遺跡7件、治水遺跡53件、立国遺跡5件、墓葬遺跡1件の計70件を記載している（竹内訳2022）。すなわち、治水功績遺跡が全体の75％を占めて全域に分布、禹王の治水事績が最も重要な内容である事を明瞭に示す。

第2章　中国における禹王の治水功績遺跡と伝承（植村善博・竹内晶子）

本章では劉主編（2020）による大禹治水功績遺跡53件を取り上げ、禹王による治水の伝承についてその位置や地形、伝承の内容を検討し流域ごとの特徴を明らかにすることを目的とする。

第1節　流域ごとの治水功績遺跡

中国の地形と水系を図1に示す。治水功績遺跡（以下治水遺跡とよぶ）は水系別に黄河流域18件、済水流域6件、淮河流域11件、長江流域8件、その他10件と各地に分布する。著名な大禹治水は「洪水横流し、天下に氾濫す……禹は九河を疏し、済・漯を瀹して諸を海へ注ぎ、汝・漢を決し淮・泗を排して之を江に注ぐ。しかる後中国得て食らう可きなり」（『孟子』滕文公上）と記される。禹王の事績や夏王朝の盛衰については『尚書』、『春秋左氏伝』、『史記』などに記述されている。しかし、これら禹王伝承

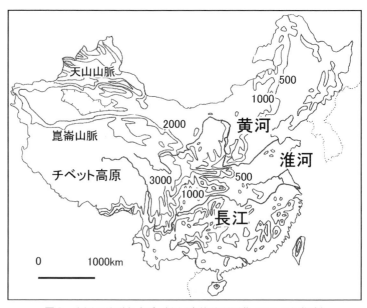

図1　中国の地形と水系（中国自然地理図集2010より作成）

第1節　流域ごとの治水功績遺跡

黄河流域	Y12 伊闕	S5 禹登山	H10 亀山	その他
Y1 積石峡	Y13 禹宿崗堆	S6 具丘山	H11 羽山	O1 宛委山
Y2 洩湖峡	Y14 黒石関	淮河流域	長江流域	O2 夏蓋山
Y3 青銅峡	Y15 洛汭	H1 轘轅山	C1 誓水柱	O3 夏履橋
Y4 孟門	Y16 大伾山	H2 蛟河	C2 禹跡山	O4 余糧嶺
Y5 壺口	Y17 錯溝鏊	H3 禹洞	C3 三峡	O5 了渓
Y6 夏門	Y18 鯀堤	H4 鎖蛟井	C4 亀山	O6 禹山
Y7 龍門	済水流域	H5 禹王山	C5 岣嶁峰	O7 秘図山
Y8 大禹渡	S1 溴溴	H6 諸侯山	C6 岣嶁碑	O8 東刊山
Y9 三門峡	S2 大汶河	H7 桐柏	C7 廬山	O9 正義峡
Y10 山河口	S3 雲山	H8 硤山峡	C8 濡須口	O10 禹王台
Y11 洛出書処	S4 腊山	H9 荊塗峡		

図2　大禹治水功績遺跡と名称（劉主編 2020 より作成）

の大部分は戦国期〜前漢代（紀元前 11〜紀元前 1 世紀）に記録されたものであり、千年以上も前の時代にさかのぼって作為された説話である。岡村 (2003) は考古学の立場からこれらを歴史的史実として裏づけることはほとんど不可能であると指摘している。筆者らは禹王治水伝承の内容を客観的に判読、土地や流域の特徴、治水方法とその内容、随伴する動物などについて整理し、伝承に込められた治水実態や特徴を明らかにしたい。

　図2に流域ごとの治水遺跡分布と遺跡名を示す。黄河流域 Y1〜Y18、済

水 S1〜S6,淮河 H1〜H11,長江 C1〜C8,その他 O1〜O10 として記述する。これによると、黄河が最多の 34％を占め、淮河およびその他が約 20％ずつとなる。長江は 11％にすぎない。

　1）黄河流域　黄河流域は治水遺跡全体の 3 分の 1 を占め最も濃密な分布が認められる。黄河は全長 5464 km、流域面積 75.24 万km²、チベット高原北東部に発し、蘭州で支流を合わせオルドス高原を大きく迂回、比高 500 m 程度の大峡谷を刻んで龍門へ至る。ここで渭河を合わせて東流し鄭州付近から低地へ出て華北平原を形成し渤海に流入する。流域が乾燥地帯のため流量は 1820 m³/s と少なく旱魃が頻発した。また、黄土地帯から多量の土砂が供給され天井川化するとともに洪水のたび流路変更を繰りかえし治水の大問題となってきた。同時に肥沃な客土により畑作雑穀農業を支えている。上流は青海省、甘粛省、寧夏回族自治区のチベット高原で、ここでは禹王が山を切り開き排水して峡谷ができたとする（Y1, Y2, Y3）。Y1 では洪水を起こした蛟龍を殺した伝承がある。また、Y2 の泄湖峡では峡谷を開削し大夏湖を排水したという盆地の開闢(かいびゃく)説話をもつ。

　中流は黄河が大きく屈曲して峡谷部を流下する部分で、山を開削して黄河を流し龍門とよぶとするものが多い（Y4, Y5, Y6, Y7）。Y7 では龍に身を変じて開削したことから龍門または禹門口と呼ばれたという（図3）。中流では汾河、渭河、洛水などが合流するため支流での治水がある（Y10, Y11, Y12, Y14, Y15）。工事にあたって Y11, Y15 で霊亀や神亀が登場し、Y14 では禹王が蛟龍となり通水させ、Y16 では洪水を起こす蛟龍を退治する。Y9 で馬が登場、Y15 では魚人が河図を授けて治水が成功する。三門峡より下流は中原の古代文明地であり治水遺跡が密集する。下流では禹王が治水のため河道を北流させ 9 支流を疏通させた（Y18）。

　2）済水流域　黄河の下流部にあたり、両者の流路が重なるところが多い。6 件中 5 件は山東省にある。禹王が洪水を疏通させて治水したとする点で共通している（S2, S3, S4, S6）。小山は禹王が登って河勢を観察した地

第1節　流域ごとの治水功績遺跡

図3　禹門口（山西省河津県 2011 年）

点（S5, S6）である。S3, S4 では神牛が治水に貢献し、S5 では龍が潜んでいたという。

3）淮河流域　黄河と長江の間にあり、西方の伏牛山および桐柏山系に発する多くの支流を集め、下流で黄淮（華中）平原を形成する。下流には水郷地帯がひろがり、人工運河により黄海と長江に排水されている。全長約 1000 km、流域面積 18.6 万km²、高度差 500 m 以下で非常に低平だ。北部では天井川化した黄河に合流できない支流（泗水、涡水、睢水など）が南流して淮河に流入しており、この低地は 12 世紀以降の黄河の南流路となっていた。淮河は年降水量 900 mm の線と一致、畑作と稲作との境界をなす。小流域ではあるが 11 件と多くを有するのは、禹王遺跡が集中する河南省登封市や禹州市が支流潁河流域にあり、下流に安徽省蚌埠市などが位置するためである。山地部では山を開削して水を流した事例が多い（H1, H5, H6, H8, H9）。治水に際して元凶の蛟龍を退治する例（H2, H4）、水の妖怪とも水獣ともされる無支祁を退治する例（H7, H10）などがある。

4）長江流域　全長 6380 km、流域面積は 180.7 万km²と黄河の約 2 倍強。チベット高原中部に発して複雑な水系を形成して南東流し四川盆地に至る。その下流で三峡の大渓谷をなす。下流は低平な湖南、湖北、江西の華中平

43

第2章　中国における禹王の治水功績遺跡と伝承（植村善博・竹内晶子）

図4　禹余糧（浙江省嵊州市禹渓村 2018 年）

原を形成し、水稲穀倉地帯をなす。漢江、湘江、贛江との合流部には洞庭湖など広大な遊水池や低湿地が広がる。流域は湿潤地帯のため河口で 3.11 万㎥/s と黄河の約 17 倍の豊富な流水量をもち、雨期には低地や干拓地で慢性的な洪水が発生する。最大の流域にもかかわらず治水遺跡は 8 件と少なく、上流から下流、支流と各地に分散する傾向が著しい。峡谷部では山を開削して水を通し（C3, C8）、山に登って展望している（C2, C7）。漢水との合流点亀山（C4）では霊亀が水怪を退治して治水に成功する。一方、禹王が自らの治水事績を石に刻んだとされる岣嶁碑が湖南省湘江流域の山岳地に集中する点（C5, C6）で注目される。

　5）その他地域　10 件中 8 件が浙江省紹興市周辺に集中している。浙江省に大河はないが、紹興は禹王が会稽山に崩じて埋葬されたことから禹陵が所在し、伝承の色濃い地である。また、越国王の勾践は 6 代夏王・少康の庶子無余の子孫であると自らの正当性を夏王朝に求めている。ここでは治水指図書（金簡玉書）を入手（O1, O7）したり、治水後禹王の残した食料が漢方薬の禹余糧（禹余糧石）に変じて余糧嶺から産する（O4、図 4）。また、禹王治水は曹娥江河口から始まり、上流へ嵊州盆地の湖を排水して盆地が開かれ剡渓支流の了渓で終わった（O5, O6）という治水の全ストーリーが当てはめられたユニークな伝承をもつ（植村 2019）。

第2節　考察

1) 自然景観との関係　すべての水系で渓谷美を有する峡谷部は禹王が開削して水を通したとする伝承に結びつけられ価値を高めている。また、高峰や孤立丘は禹王が登り地勢や河況を観察し展望がきくランドマークとして禹跡にされる。まさに「力を溝洫(こうきょく)に尽くす」(『論語』泰伯)であり、「身を労し思を焦がし、外に居ること十三年、家門を過ぐれども入らず」(『史記』夏本紀)である。また、治水伝承からはいわゆる破滅的大洪水の発生を支持するものはない。

2) 禹門　黄河では「洪水が横流し天下に氾濫した」(『孟子』藤文公上)といい、「龍門が開けず」(『呂氏春秋』愛類篇)洪水が発生したと記す。黄河中流の龍門は禹王が龍門山を掘削して通水した場所で、禹門口とよばれる。大峡谷をはなれた黄河はここで関中盆地に入り汾河、渭河を合わせて東流、いよいよ華北平原にでる要衝と認識されてきた。ここには急流を登りきった鯉が龍に変じて天に至る「登竜門」、三段に山を切り分けた急流から「禹門三級浪」など多くの故事を生んだ場所でもある。179年(光和2)建立の禹廟碑があり漢代には禹王治水の顕彰地となっていたことが知られる(張主編 2004)。

3) 龍と動物　治水にともなってすべての流域に龍が登場する。龍は河または洪水流そのものを表徴している。また、黄河の流路も龍姿そのものとみられ、河神として崇められてきた。洪水の元凶として蛟龍は禹王により退治され、殺され、鎖でくくられ井戸へ投げ込まれる(図5)。しかし、禹王が龍に化して治水する例も見られる。つぎに多いのは霊亀、神亀で治水を助け成就させる。亀は長寿と大地支持の神として信仰されてきた。黄河で馬や魚人、済水では牛が登場する例がある。淮河に水の妖怪・無支祁が登場する。

4) 岣嶁碑　湖南省の南岳衡山碧雲峰に禹王が77の蝌蚪(かと)文字で自ら刻ん

第 2 章　中国における禹王の治水功績遺跡と伝承（植村善博・竹内晶子）

図 5　鎖蛟井と禹王像（河南省禹州市 2013 年）

だという石碑があり、1212 年に長沙市岳麓山にその復刻碑が建てられた（図 6）。明代に楊慎がその内容を禹王の治水事績と解釈したことから神禹碑として価値が高まり、中国内に 16 件の復刻碑が存在する（植村 2020）。日本には同じ岣嶁碑が宮城県加美町の大禹之碑（図 7）、群馬県片品村の大禹皇帝碑の 2 件が存在する（植村・関口・大邑 2023）。また、韓国江原道三陟市に 48 文字の大韓平水土賛碑があり、東アジアにおける岣嶁碑文化の存在が推定され今後の研究の進展が期待される。なお、周（2014）は本碑について越国王となる朱句が B.C. 456 年（戦国時代）に南岳衡山を祀るため建てた山岳祭祀碑である可能性が高いという曹（2007）の説を紹介している。

5）浙江大禹文化　浙江省紹興市付近を中心に禹王治水伝承の全要素が

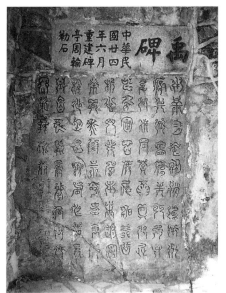

図6　岳麓山の岣嶁碑　　　　　　　図7　大禹之碑
（湖南省長沙市 2013 年）　　　　（宮城県香美町味ケ袋 2013 年）

分布するとともに、他地区にはみられない複雑で作為的な内容をもつ点で特異である。越の勾践は夏王・少康の庶子無余の子孫であると自認、越人は夏人の末裔だと信じてきた。これらは越代（紀元前 470 頃）を中心に禹王の伝承が脚色され各地に流布、命名され後世に引き継がれていったことを暗示している（植村 2019）。これを浙江大禹文化（圏）とよぶことができる。

　6）日中の比較　中国における禹王の治水事績は黄河の洪水に積極的に挑戦し開削、浚渫、補正する内容である。日本の伝統的な水神や河神は自然神であり、その怒りを鎮めるため祭祀し祈祷する受動的な信仰が中心であった。能動的な治水神祭祀は中国からの禹王を鴨川の大洪水後に祀った夏禹廟（安貞 2 年 1228）の伝承が最初である。この点で日中の両者は対照的な自然観・河川観と信仰を有していたといえよう。

第 2 章　中国における禹王の治水功績遺跡と伝承（植村善博・竹内晶子）

おわりに

　中国の禹王治水功績遺跡 53 件を取り上げ、その伝承内容を地理的、歴史文化的に検討した。その結果、各流域ごとの特色が明らかになり、黄河に伝承の中核部がありそこから周辺や南へ伝播していったことが推定される。峡谷部や孤立峰は禹跡として価値が付加され、龍や蛟龍、亀、牛、無支祁などが随伴する。紹興を中心に浙江地区は特異な大禹文化圏をなす。また東アジアにおける岣嶁碑文化の存在が推定される。

　最後に本研究を進めるにあたり、鑑湖研究会邱志栄先生、浙江越秀外国語学院劉家思先生、呉鑑萍さんおよび治水神・禹王研究会の皆さんのご指導、協力に感謝します。

参考文献

植村善博 2019「紹興市の禹王遺跡訪問記録」『治水神・禹王研究会誌』第 6 号
植村善博 2020「湖南省の禹王遺跡および岣嶁碑調査」『治水神・禹王研究会誌』第 7 号
植村善博 2024「中国禹跡図 2022 年版の意義とその検討」『佛教大学歴史学部論集』第 14 号
植村善博・関口康弘・大邑潤三 2023『日本禹王事典』古今書院
岡村秀典 2003『夏王朝―王権誕生の考古学』講談社
邱志栄・張衛東主編 2024『中国禹跡図導読上・下』中国文史出版社
周曙光 2014「『呉越歴史與考古論集』における岣嶁碑の研究」『治水神・禹王研究会誌』創刊号
周幼涛主編 2011『中国禹学』吉林大学出版社
紹興市鑑湖研究会主編 2022『中国禹跡図 2022 年版』紹興市文化広電旅游局
曹錦炎 2007「岣嶁碑研究」『呉越歴史與考古論集』文物出版社
竹内晶子訳 2022「『大禹文化学導論』（劉家思主編）第 8 章大禹文化遺跡（中国における禹王遺跡）」『治水神・禹王王研究会誌』第 9 号
竹内晶子 2023「中国・紹興市と治水神・禹王研究会との交流―中国における「禹跡図」誕生の契機―」『治水神・禹王研究会誌』第 10 号
治水神・禹王研究会 2022『日本禹王遺跡分布図 2022』
張学会主編 2004『河東水利石刻』山西人民出版社
劉家思主編 2020『大禹文化学導論』安徽文芸出版社
劉訓華主編 2012『大禹文化学概論』武漢大学出版社

第 3 章

中国災害考古学事始

向 井 佑 介

は じ め に

　現在の中華人民共和国を全体としてみたとき、地震や火山による災害リスクは主として周縁地帯に集中し、黄河や長江などの大河川流域では大規模な水害が定期的に発生している。また歴史文献の上では、蝗害や旱魃が主たる災害として数多く記録されてきた。しかし、過去の蝗害や旱魃について、考古学の方法から実態に迫ることはむずかしい。保存状態のよい人骨が出土すれば、その人物が生きていたときの病歴や栄養状態を知ることができるとはいえ、そうした情報の蓄積によって、「災害」規模の疫病や飢饉が発生したことを考古学的に証明することは容易ではない。

　考古学は、モノを手がかりとして過去の人類の営みを明らかにする学問であるから、対象となるモノがなければ、過去の歴史に迫ることはできない。災害考古学も同様であり、遺跡発掘によって出土した地震や火山噴火、洪水などの痕跡を手がかりとして、過去の災害について検証していくこととなる。ただ、中国では火山災害が少ないため、必然的に地震と洪水が検討の中心となる。

　以下では、近年における中国の大規模災害を概観し、その傾向を把握した上で、考古学的方法を用いた災害についての研究成果を紹介していく。具体的には、青海省の喇家(らか)遺跡、陝西省の隋仁寿宮・唐九成宮(じんじゅ)遺跡、唐長安城大明宮遺跡をとりあげ、それぞれ異なる観点から考古学と災害の接点について考察する。

第 3 章　中国災害考古学事始（向井佑介）

第 1 節　近年における中国の大規模災害

　最初に、中国の大規模災害の発生状況について、ごく簡単に整理しておきたい。文献に記録された前近代の地震については、『中国地震史研究（遠古至 1911 年）』（李ほか 2021）に集成されている。とりわけ近世の地震については史料をもとに規模や被災者数も推定されているものの、紙幅の都合からここでは省略する。

　20 世紀後半以降の大規模地震では、1975 年 2 月 4 日に遼寧省海城・営口一帯で発生した海城地震が著名である。マグニチュード 7.3 の大規模地震で多くの建物が倒壊したにもかかわらず、地震予知にもとづく避難措置により、奇跡的に死者が少なかったことで知られる（蒋 1979）。

　しかし、1976 年 7 月 28 日に河北省で発生したマグニチュード 7.8 の唐山地震では、唐山市だけでなく北京・天津など大都市にも被害がおよび、一連の死者は 24 万 2769 人に達した（郭 2018）。2005 年に筆者が北京大学考古文博学院に留学したとき、大学構内の一部の地区にはまだ唐山地震の避難民たちが住んでいた[1]。地震から 30 年をへてなお、震災の爪痕が残っていたのである。

　また、アルプス・ヒマラヤ造山帯の北縁に位置する中国西南地区の雲南省や四川省では、古くから大規模地震が頻発してきた。なかでも、2008 年 5 月 12 日に四川省汶川県を中心として発生したマグニチュード 8.0 の四川大地震は、死者 6 万 9277 人、行方不明者 1 万 7923 人という大きな被害をもたらしたことで、記憶に新しい（大谷編 2021）。

　ただ、冒頭に述べたように、地震が多発する地域は相対的にみれば中国の辺縁に位置する。古代から近現代にいたるまで、大都市に暮らす人々にとっての身近な脅威は、地震よりもむしろ水害や疫病などであった。

　清朝末期の大規模な洪水として記録されているのが、1887 年の黄河洪水であり、死者は 90 万人以上ともいわれる。民国時代の 1931 年には長

第 1 節　近年における中国の大規模災害

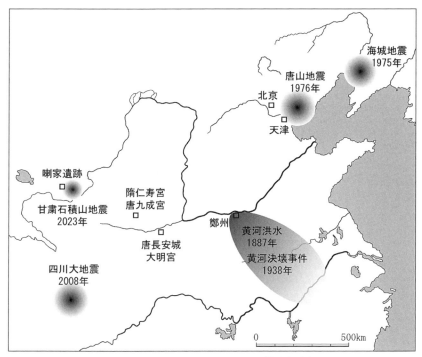

図 1　中国災害考古学関係地図（筆者作成）

江・淮河流域で大洪水が発生し、死者数には諸説があるものの、被災人口は 2520 万人以上に達し、その 4 割の人々が周辺地域へと流出したという（孔 2007）。さらに同年には各地で水害が多発し、被災者は 5000 万人を超え、多数の餓死者を出した（郭 2006）。地球温暖化が進んだ今世紀では、毎年のように中国各地で豪雨・長雨による洪水の発生が報道されている。

ほかにも、2002 年末から 2003 年にかけて中国を震撼させた SARS ウイルスや、2019 年末に湖北省武漢で発見され、現在もその余波が残存している COVID-19（新型コロナウイルス）など、感染症の流行も世界的な課題となっている。本研究は、考古学に焦点をあてたものであるから、現代の災害については、大まかな傾向を把握するにとどめ、以下に考古学の具体的な事例を紹介していこう。

51

第 3 章　中国災害考古学事始（向井佑介）

第 2 節　中国先史時代の災害痕跡

（1）喇家遺跡の災害遺構

　現在までに中国で発掘された先史時代の災害遺構のなかで、最も著名なものが喇家遺跡の事例である（中国社会科学院考古研究所ほか 2002）。喇家遺跡は、おおよそ 4000 年前の黄河上流域に存在した斉家文化を中心とする時期の大型集落遺跡で、青海省海東市民和回族土族自治県官亭鎮喇家村周辺の黄河北岸に所在する。斉家文化とは、新石器時代末期から青銅器時代初期にかけて、現在の甘粛省から青海省を中心として繁栄した銅石併用文化である。

　2000～2001 年、中国社会科学院考古研究所と青海省文物考古研究所がこの遺跡を発掘し、複数の被災住居址が検出された。Ⅱ区で発見された 3 号住居址からは、小児を抱きかかえた状態の成人女性の人骨が出土し、母が子をかばうようにして亡くなったと推定された（図 2 左）。4 号住居址からは 14 体の人骨が折りかさなるように倒れた状態で出土した。それらの東側に位置するⅣ区で検出された 7 号住居址でも 4 体の人骨が出土し、そのなかには成人女性が小児の上に覆いかぶさるようにして亡くなっていたものがあった（図 2 右）。さらに、隣接して発見された 10 号住居址でも、2 体の人骨が出土している。2004 年から 2019 年までの数次の調査で発見された人骨をあわせると、少なくとも 33 体の人骨が喇家遺跡から出土しており、その多くは遺跡の東南部に集中している（甄ほか 2024）。

　人骨のなかには不自然な体勢で埋まっているものや、骨折などの受傷痕が確認できるものがあった。発掘者らが出土状況を精査した結果、これらは突発的な住居の倒壊によって圧死した住人たちであると判断された。こうした生々しい被災状況が発掘によって明らかになったことから、中国では「東方のポンペイ」とも呼ばれている。

第2節　中国先史時代の災害痕跡

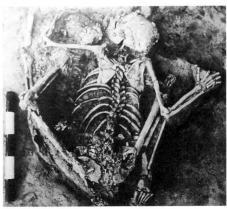

図2　喇家遺跡出土人骨（左：3号住居址、右：7号住居址）
（斉家文化博物館展示写真）

(2) 4000年前の災害の状況

　それでは、埋没前の喇家遺跡はどのような災害に遭い、住人たちはどのようにして亡くなったのだろうか。遺跡から検出されたさまざまな痕跡が、過去の災害についての手がかりを提供してくれる。

　報告によれば、喇家遺跡からは地震の痕跡が多数発見されている。それは、地割れや陥没、地層の歪みなどであり、噴砂も確認された。噴砂とは液状化現象の痕跡である。水分を多く含んだゆるい地盤に大きな振動が加わると、砂粒を含む水が地表面へと噴き出し、そのぶん地盤は沈下する。その噴出した砂の上にさらに地層が堆積することによって、液状化が起きた当時の地面が砂粒に覆われた状態で地層中に保存される。こうした痕跡は日本の遺跡発掘でもしばしば検出され、例えば京都府南部や大阪府などの地域では、1596年の慶長伏見大地震によって生じた噴砂が多く発見されている（寒川 2010）。京都大学構内遺跡でも弥生時代から古代までの間に起きた地震にともなう噴砂が発見されている（口絵6）。

　喇家遺跡を襲った災害は、地震だけではなかった。発掘調査の結果、洪水や土石流によって運ばれてきたらしい堆積物が、地震痕跡の上を厚く

覆っていることが判明した。つまり、まず地震が発生して住居が倒壊、住人たちが亡くなったあと、黄河の大洪水と山地からの土石流により集落は完全に埋もれてしまったのである。地震と洪水・土石流との因果関係や、両者の時間差などは明らかでないという。ただし、廃絶後の住居址の内部がほとんど乱されることなく、そのまま洪水の土砂に覆われていることを考えるならば、地震後さほど時間をおかずに洪水と土石流が発生した可能性が高いであろう。

(3) 喇家遺址博物館の現状

　遺跡発掘後、現地には喇家遺址博物館が建設され、発掘された住居址や土器などが展示されてきた。近年さらにそれを含む広大な遺跡公園として、喇家国家考古遺址公園が新たに整備された。青海省を代表する遺跡として、また中国を代表する災害遺構として、重点的に整備が進められてきたといってよいだろう。

　しかし、2023 年 12 月 18 日夜に甘粛省西部の臨夏回族自治州積石山県を中心とするマグニチュード 6.2 の地震が発生し、甘粛省と青海省あわせて死者 151 人、負傷者 983 人、倒壊家屋 7 万戸、厳重損壊家屋 9.9 万戸、一般損壊家屋 25.2 万戸という大きな被害が報告された[2]。この地震によって、喇家遺址博物館も展示・収蔵していた文化財が破損する被害を受け、一部の収蔵品は青海省文物考古研究所や青海省博物館へと移送されて修復作業がおこなわれたという[3]。

　近年も大規模地震が頻発している四川省や雲南省と同様に、甘粛省や青海省もアルプス・ヒマラヤ造山帯の北縁に位置し、中国のなかでは地震が比較的多い地域である。甘粛省では 2013 年 7 月に定西市を中心としたマグニチュード 6.6 の地震があり、青海省では 2010 年 4 月に玉樹県を震央とするマグニチュード 7.1 の地震が発生している。「災害は繰り返す」という教訓は、本当なのだと改めて思い知らされた。

第3節　隋唐時代の宮殿に災害痕跡をさぐる

(1) 隋仁寿宮・唐九成宮——隋唐皇帝の避暑地

　唐王朝が都とした長安城の西北方に、隋仁寿宮・唐九成宮の遺跡がある。遺跡は陝西省麟游県に所在し、西安市街の隋唐長安城から直線距離で110km、道なりに進めば150kmあまりを隔てている。西安市街から渭水を西方にさかのぼると、古代の周王朝の本拠地であった周原遺跡群が岐山南麓に分布しており、その岐山を北側に越えた渓谷内の小さな盆地に位置する。

　隋の仁寿宮は、初代の文帝楊堅が593年に造営をはじめた離宮で、その2年後に完成した。記録によれば文帝は10年足らずのうちに少なくとも6回は仁寿宮に滞在し、晩年のかなりの時間をここで過ごした。隋王朝は短命で、煬帝が殺され隋王朝が滅亡すると仁寿宮も荒廃したが、唐の太宗李世民が631年より再建に着手して九成宮と改名、翌年に竣工した。隋唐王朝の支配者層はもともと西北の軍閥に出自し、遊牧系の諸集団とも関係が深かったことから、関中盆地の暑さを嫌い、岐山北麓の冷涼な場所に離宮を営んだのである（楊2021）。

(2) 高宗皇帝の災難

　歴史書の記録によれば、唐代のうちに九成宮はしばしば土砂災害に遭っている。例えば、『旧唐書』高宗紀上は、654年に起こった災害について、次のように記している。

> （永徽）五年春三月戊午の日、万年宮（九成宮）に行幸した。……閏五月丁丑の夜に、大雨が降り、川は増水して溢れ、麟遊県の住民や当直の衛士たちは溺れて、三千人あまりの死者を出した。

「万年宮」というのは、高宗皇帝の時代の九成宮の呼び名である。このと

きの災害は、大雨による川の氾濫だけではなかった。『旧唐書』薛仁貴伝は、次のようなエピソードを伝えている。

> 永徽五年に、高宗皇帝は万年宮へ行幸した。甲夜（夜 8 時頃）、山から水が押し寄せ、玄武門に衝突し、宿衛の兵士たちは散り散りになって遁走した。このとき薛仁貴は、……門桄（門の横木）に登り、大声で叫んで宮内に知らせた。高宗皇帝があわてて飛び出して高所に避難すると、すぐに水が寝殿へと浸入した。

記載はきわめて具体的であり、高宗皇帝があやうく命を落としかけたことを、生々しく伝えている。玄武門はその名のとおり北方の門であるから、北側の山から大量の水が押し寄せ、宮殿を呑み込んだことがわかる。現在までの考古学的調査によって、玄武門の位置や高宗皇帝の寝殿の埋没状況が判明している。以下ではそれを具体的にみていこう。

(3) 発掘された水害痕跡

　隋仁寿宮・唐九成宮の遺跡は、北に碧城山、南に堡子山、西に屏山があり、それらに囲まれた東西に長い谷の中央に位置している。谷の中央を、西から東へと杜水が流れ、そこに北側から馬坊河、南側から永安河が合流する。その合流点の東側、杜水北岸の段丘上に、宮殿群が築かれていた。宮殿群は全体として東西に伸びる長方形の城壁に囲まれ、そのうち北城壁の西部だけが北側へと弧状に張り出している。

　その西北隅で発見された門址が、文献に記される玄武門と考えられている（中国社会科学院考古研究所 2008、楊 2021）。先にみた高宗皇帝が遭遇した土砂災害では、西北から流れてくる馬坊河の河道に沿って土石流が発生し、玄武門へ衝突したと推定される（図3）。

　城内に分布する宮殿群のうち、中心的位置を占めるのが、天台山と呼ば

第 3 節　隋唐時代の宮殿に災害痕跡をさぐる

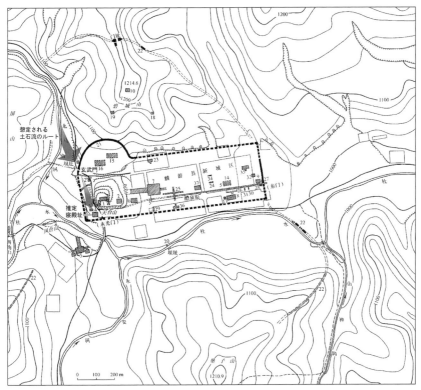

図 3　隋仁寿宮・唐九成宮の遺跡と推定される土石流のルート
（中国社会科学院考古研究所 2008：図 2 を改変して作成）

れる西方の小高い丘の上から発見された 1 号殿址で、これが隋の仁寿殿（唐の丹霄殿）、つまり離宮全体の正殿である。一方、正殿がある天台山の西南、すなわち宮城の西南隅の一帯は地勢が低く、馬坊河と杜水の合流点に近接する。そこから発見された 4 号殿址こそが、654 年に高宗皇帝が宿泊してあやうく土石流に呑み込まれそうになった寝殿の遺構と推定され、周囲から出土したいくつかの「太湖石」は、そこが美しい庭園に囲まれた静かな空間であったことを裏づけるものとされている（中国社会科学院考古研究所 2008、楊 2021）。

(4)「太湖石」はどこからきたか

　1978～1982年の発掘調査では、宮城の西南隅にある4号殿の北西10mあまりの地点で「太湖石」が3つ発見された（図4）。地山上に堅く突き固めた厚さ20 cmの灰褐色土層があり、その直上から3つの巨石と若干の砕石が発見された。3つの「太湖石」のうち、最大の石は高さ1.75 mで、ほかの石は高さ1.6 mであったという。

　さらに2019～2021年には、九成宮文化広場建設の事前調査として、再び4号殿周辺の発掘調査がおこなわれた。その詳細は未報告であるものの、速報によれば、基壇周囲から洪水に由来すると思われる泥土堆積に埋もれて「太湖石」が出土したという（李ほか2022）。ただ、隋代の建築石材は在地産の砂岩を加工したものとされるのに対し、「太湖石」の石材・産地については説明がない。

　一般に「太湖石」とは、蘇州の太湖をはじめとして、江蘇・浙江・安徽などの地域に産出する奇岩を指す。水中における長期間の浸食作用により石灰岩の表面に多数の孔を生じたものである。史料上では、唐の白居易（772～846年）の詩にみえ、宋代以降の庭園に多用されたことが知られる。

図4　4号殿の「太湖石」（中国社会科学院考古研究所2008：彩版3-2）

近年、河南省安陽から発見された隋の麹慶墓(きくけい)（590 年没・葬）の石製屏風に彫刻された図像に、太湖石らしき奇岩を配した邸宅の表現があることから、隋代にはすでにこうした奇岩を庭石とする風習があったことが知られる（安陽市文物考古研究所ほか 2023）。

ただ、発掘された 4 号殿の状況をみるとき、これが本当に庭園の石であったのか、若干の疑問がある。基壇の高さは南側で 4.2 m、北側で 2.2 m あり、その高大な基壇に近接して巨石を置くことは、庭園景観の上で必ずしも効果的な配置とはいえないだろう。

それらの出土状況をみると、隋唐代の堅緻な地層上に「太湖石」があり、洪水由来の泥土に埋もれた状況で発見されている。あるいは、これらの「太湖石」は過去の土石流によって押し流されてきた可能性もあるのではないか。巨大な土石流に直径数 m の巨石を押し流す力があることは、京都大学構内遺跡から発掘された弥生時代の白川の土石流痕跡（口絵 5）によって証明されている（冨井 2005）。

もちろん、発掘された「太湖石」の正体については、石材産地の同定などが進まなければ、科学的に検証することはむずかしい。正式報告の刊行を待って改めて検討することにしたい。

第 4 節　天災か人災か ——戦争・洪水・遺跡保護——

(1) 黄河決壊事件

日中戦争開始後、1937 年 12 月に日本軍は南京を陥落させ、翌 1938 年 4 月には徐州を攻略した。さらに河南省方面へと進軍し、同年 6 月には開封から鄭州へと迫った。そうしたなか、蒋介石率いる国民党軍は、日本軍の進軍を阻止するため、河南省中牟(ちゅうぼう)北方の三劉寨と鄭州北方の花園口付近で、黄河南岸の堤防を人為的に決壊させた。それにより、黄河の水は南へと溢れて河南省から安徽・江蘇省におよぶ広大な範囲が水没し、数万人が

犠牲になり、数百万から1千万人以上が被災したといわれる（荒武2016）。

満鉄北支事務局が編集したグラフ誌『北支画刊』1938年第7号には「黄河決潰」と題する見開きの特集が組まれ、次のような解説が加えられている（歴史的仮名遣いは現代仮名遣いに、旧漢字は常用漢字に改めた）。

> 瞬くまに開封一帯を奪われた支那軍は周章狼狽、遂に去る6月12日鄭州の東北方に於て黄河の堤防三ヶ所を決潰して逃去った。折柄連日の降雨で滔々たる濁水は文字通り決河の勢で開封、平原を呑尽し、此処に此世ながらの地獄を現出した。被害面積150平方里、沈没部落2000余、浸水部落1500、罹災民70万、行方不明10万余、敗戦窮余の策とは云え言語に絶する大暴挙だ。

戦中のプロパガンダに沿った言説をそのまま鵜呑みにすることはできないものの、掲載された「軍報道部提供」の写真により、現地の壊滅的な被害状況はよくわかる（図5）。

興味深いのは、先述した1887年の黄河洪水でも、同様に鄭州北方の花園口付近で黄河の水が堤防を越え、やはり河南・安徽・江蘇の広い範囲に甚大な被害をもたらしたことである。天災であるか人災であるかを問わず、いったん大河の水が溢れ出せば、同様の深刻な結果を招くこととなる。

（2）避難民の行方——西安大明宮地区の事例から

黄河の堤防決壊により日本軍の進攻はひとまず停止したとはいえ、そのために河南・安徽・江蘇を中心とした広大な地域が長期にわたって水没し、大量の避難民が発生した。そのうち、河南省から鉄道沿いに西へと向かった避難民の到達地が、西安駅北側の大明宮地区であった。その経緯について、2010年に完成した大明宮遺址博物館の展示パネルには、次のように解説されている（筆者翻訳）。

第 4 節　天災か人災か

図5　『北支画刊』1938 年第 7 号　特集「黄河決潰」

図6　唐長安大明宮の位置（筆者作成）　　図7　大明宮地区バラックの風景
　　　　　　　　　　　　　　　　　　　　　　（大明宮遺址博物館展示写真）

61

大明宮国家遺址公園の所在する地区を西安人は「道北」と呼び、それはその場所が隴海鉄道以北に位置することにちなんでいる。抗日戦争時期の黄河決壊事件により、大量の避難民が鉄道に沿ってこの地に遷り住み、「道北」地区は一夜にして棚戸（バラック）が林立するありさまとなった。解放後は、大小ばらばらで、低くみすぼらしい城中村がこの地区の主な建築となった。21世紀初めの時点で、西安市全域のバラック地区300万㎡あまりのうち、"道北"地区のそれは200万㎡あまりで、全体の3分の2を占めていた。この地区の経済は発展が遅れ、住民の生活水準は低く、一戸あたりの住宅面積はわずか20㎡あまり、10〜20軒の住民が一つの水道蛇口を共用していた。大明宮国家遺址公園の建設前には、公園範囲内に88の企業、3つの城中村、350万㎡の家屋があり、そこに2.5万戸、あわせて10万人以上が居住していた。

　かつて西安駅北側の「道北」地区は、河南省を中心とした「よそ者」の避難民が住み着き、イメージの悪い場所であった。避難民たちは仕事に恵まれず、収入も少なく、黄河決壊事件から70年をへた21世紀初頭にあってなお、10万人以上の人々がバラック生活を継続していた（図7）。彼らが住んでいた大明宮地区は、もともと唐長安城の主要な宮城のひとつであった（図6）。7世紀中葉に、唐の太宗李世民と高宗李治が長安城の東北に建造したもので、それ以来、200年にわたって唐王朝の政治・儀礼・外交の中心として使用された。唐長安城の太極宮を中心とした都城中枢部は、のちに明代の西安府が置かれ、その場所を中心に近代の西安市街地が発達していったのに対し、大明宮地区は唐王朝滅亡後、長らく放置されていたため、黄河決壊事件の避難民が住み着くだけの空間があったといえる。

　しかし、20世紀後半になって、新中国のもとで大明宮遺跡の考古学的調査がはじまると、避難民たちのバラックが調査進展の大きな妨げとなっ

た。そのため、2007年10月に西安市政府は大明宮遺跡19.16㎢の範囲を保護整備するため、バラックをすべて撤去し、住民たちの移転先として他地区に住居を用意することを決定した（西安曲江大明宮遺址区保護改造辨公室2009、劉2010）。2008年3月に撤去を開始し、2009年には大明宮国家遺址公園の建設に着手、2010年に大明宮遺址博物館が完成し、大明宮国家遺址公園がオープンした。

　先にみたように、唐山大地震の被災者たちは北京大学へと避難し、それから40年にわたってキャンパス内に居住していた。このことは黄河決壊事件の避難民たちが70年にわたって大明宮地区に住み着いていたことと、重なってみえる。自然災害であれ、人的災害であれ、つまるところその行き先は同じであり、現代の災害とも共通する課題である。

お わ り に

　中国は文献史料が豊富で、災害に関する歴史記録や碑文も多数ある。しかし、考古学的に災害痕跡を丁寧に拾いあげていく作業はいまだ不十分である。水害は黄河・長江をはじめ大河川流域で頻発してきたことから、文献記録と考古資料をつきあわせた議論も徐々に進展しつつある。本章で改めて確認したように、天災も人災も、歴史は繰り返すのであり、そこに私たちが歴史を学ぶ意味がある。

　一方、中国の地震災害は、大都市圏から離れた周辺地域に多いことから、現状では地震考古学への関心も決して高いとはいえない。さらに、考古学の調査では、痕跡が残っていないものを扱うことはできないし、痕跡が残っていても調査者がそれを認識できなければ報告されない。今後、災害という視点から、考古学の調査研究がさらに進展し、情報が蓄積されていくことに期待したい。

註

1)　北京大学構内北部に建てられていた数百人の避難民たちの住居は、2006 年から 2007 年初めにかけて一斉に撤去されたという。『走進中関村』網 2006 年 2 月 6 日記事「北京大学主校園将開始大規模拆遷」参照。なお、当該サイトはすでに閉鎖されており、『新浪網』の転載記事（https://news.sina.com.cn/c/2006-02-06/1156902 7658.shtml）により確認した。2024 年 10 月 2 日最終閲覧。
2)　管理部から発布された「2023 年全国十大自然災害」第 10 項に「甘粛積石山 6.2 級地震」があげられ、被害状況が報告されている。中華人民共和国応急管理部公式ホームページ 2024 年 1 月 20 日掲載「国家防災減災救災委員会辨公室 応急管理部発布 2023 年全国十大自然災害」（https://www.mem.gov.cn/xw/yjglbgzdt/202401/t20 240120_475696.shtml）、2024 年 10 月 2 日最終閲覧。
3)　『中国新聞網』2023 年 12 月 19 日の記事「記者探訪青海喇家遺址博物館　文物因地震破損」（https://m.chinanews.com/wap/detail/cht/zw/ft10131781.shtml）および『新華網』2024 年 3 月 16 日の記事「青海搶救性保護地震中受損的喇家遺址文物」（http://www.qh.news.cn/20240316/80679a8e8e5c460d8942c574682024b9/c.html）参照。2024 年 10 月 2 日最終閲覧。

参考文献

荒武達朗 2016「1938 年黄河決潰事件と『新黄河流域図』」『徳島大学総合科学部人間社会文化研究』第 24 号

安陽市文物考古研究所・河南省文物考古研究院 2023「河南安陽隋代麹慶夫妻合葬墓的発掘」『考古学報』第 3 期

大谷順子編 2021『四川大地震から学ぶ―復興のなかのコミュニティと「中国式レジリエンス」の構築―』九州大学出版会

郭洪業 2006「一九三一年全国大水災」『炎黄春秋』第 6 期

郭連友 2018「中国唐山大震災の被害状況と復興について」『災害復興研究』第 9 号

孔祥成 2007「従 1931 年江淮大水看民国時期水災与社会風険」『東方論壇』第 4 期

寒川旭 2010『秀吉を襲った大地震―地震考古学で戦国史を読む―』平凡社新書

蒋凡（杉充胤訳）1979『海城地震―予知成功のレポート―』共立出版

甄強・王倩倩・杜戦偉 2024「喇家遺址発生古災難事件的考古学観察」『中原文物』第 1 期

西安曲江大明宮遺址区保護改造辨公室 2009「"拆"出一个大遺址"遷"得一片新生活」『中国文化遺産』第 4 期

中国社会科学院考古研究所・青海省文物考古研究所 2002「青海民和喇家史前遺址的発掘」『考古』第 7 期

中国社会科学院考古研究所 2008『隋仁寿宮・唐九成宮――考古発掘報告』科学出版社

冨井眞 2005「京都白川の弥生時代前期末の土石流」『京都大学構内遺跡調査研究年報 2000』京都大学埋蔵文化財研究センター
楊鴻勛（向井佑介・髙井たかね・田中一輝訳）2021『唐長安　大明宮』下巻　科学出版社東京・ゆまに書房
李春林・龔国強・李菁 2022「陝西麟游隋仁寿唐九成宮 4 号殿遺址」『2021 中国重要考古発現』文物出版社
李文元・李佳金 2021『中国地震史研究（遠古至 1911 年）』地震出版社
劉天利 2010「大明宮遺址区徴地及補償安置若干問題」『全国商情（理論研究）』第 8 期

コラム1　池仏（いけぶつ）さまの話
――仏罰としての天正地震――

塚本明日香

　豊臣秀吉政権下の天正13年11月29日（西暦1586年1月18日）、近畿から東海・北陸地方にわたる地震が発生した。推定マグニチュードは7.8、震央は諸説あるが、家屋倒壊等による死傷者も多い大規模災害である（力武・竹田 1998）。岐阜県では、飛騨白川郷で発生した内ケ島氏（ここで紹介する史料では内嶋の表記）一党すべてが山崩れの犠牲となった帰雲城（岐阜県白川村）の悲劇がよく知られている。

　この悲劇については同時代史料として「荘厳講記録」や「貝塚御座所日記」などが知られる[1]。特に帰雲城からほどちかい地区で伝えられた史料である「荘厳講記録」を見ておきたい。なお、原文は註に掲載し、ここではカタカナや漢文調の表記を読みやすいように平仮名に改めたり書き下したりし、必要に応じて（　）で補っている。特に注目する記述には下線を付した。

　　時に天正十三年乙酉十一月二十九日亥子剋に、大地震初めそうろうて、十二月二十五日まで夜昼ゆり申しそうろう。巳来春まで何ほどゆりべき申しそうろうや、存ぜざることどもにそうろう。白河・帰雲両山うち崩（れ）、内嶋殿氏理そのほか五百人余、牛馬等まで一時に死に申しそうろう。かの所にても小白河・丸山・ミゾウシ（レの誤り）、帰雲と同じことにそうろう。そのほか江州左保山・長ハマ・尾州河内、越州北荘・ツルカ、日本国中在々所々滅亡に及びそうろう。先代未聞にそうろう。しかれども当寺本尊社中已下諸人一人も何事もなくそうろう。致祈祷をそうろう間、神恵不思議とありがたしと万人申しふれそうろうなり。（「荘厳講記録」『岐阜県史　史料編　古代中世二』所収[2]）

[コラム 1] 池仏さまの話

　「荘厳講記録」は白山信仰の拠点の一つ、美濃馬場の登拝口にある長滝寺（岐阜県郡上市白鳥）に伝わる記録である。記述される被害エリアからすると間違いなく大きな揺れがあったはずだが、幸いにして本尊も関係者も無事であったといい、これが「神恵不思議」「ありがたし」と言い合われたとする。
　これは巨大天災に遭遇しながら被害のなかったことについて、信じる神の「神恵不思議」を尊んだ記録と言える。一方で、この内ケ島氏を襲った悲劇が「仏罰である」とするのが「池仏さま」の話である。
　この話を伝えるのは岐阜県高山市荘川町黒谷にある池仏山浄念寺である。以下の話は筆者が実際に浄念寺で二十九代目住職の照元興圓氏に教えていただき、また親鸞聖人七百五十回御遠忌法要に合わせて実行委員会が発刊した『池仏山浄念寺』（鈴木 2020：18-27 頁）に記された内容をまとめたものになる。

　第十代住職道　立（どうりゅう）のときのこと。豊臣秀吉が金森長近（かなもりながちか）に命じて飛騨の三木自綱（みつきよりつな）を討つことにした際、金森軍が火をつけるという噂が広がったため、道立は寺宝を白木の箱に収めて美濃の水沢上（みぞれ）道場に預けることにした。
　一方そのころ、帰雲城城主・内ケ島氏理（うじまさ）の家来たちが白山へ猟に出ていた。しかし獲物を得られず別山のお堂の前で一休み。そこに祀られている黄金の仏像を腹いせに盗み出すことにした。最初はびくともしなかった仏像だが、宿をとった家で話を聞いた老婆が「女の下着をかぶせれば仏の芯が汚れて簡単に動く」といって下着を渡し、その通りにすると本当に盗み出すことができた。
　盗んだ仏像を水沢上の鉱山に持ち込み、熔かそうとすること七日七夜。七日目の真夜中に大地震が起こり、雷が鳴り大雨が降って山津波で川がせき止められ、水沢上は海のような大池になってしまった。
　水沢上を襲った天災を知った道立は、黒谷から三里の道を毎日通い、草の根を分け筏を浮かべ、必死に寺宝を探し続けたが見つからない。探索すること百二十日目、「今日見つからなければ池底に沈み寺宝のお供をする」と出立したが、それでも見つからず、日暮れ時にとうとう最期の読経。池に身を投げようとしたまさにその時、前方の水底、一条の光の中から白木の箱が浮かんできた。

ただちに池へ飛び込んで箱を抱えて岸まで運び、開けてみれば全く汚れぬままの寺宝が収められていた。大声をあげて泣きながら喜び、疲れも忘れて黒谷の道場へ持ち帰ると、噂を聞いた人々が集まっており、寺宝を取り出し皆で涙を流しながらお勤めの声を響かせた。

　以上が「この奇跡的で不思議なできごとから、山号を池佛山ととなえるようになり、浄念寺では毎年三月二二日を池佛如来の日と定め、ねんごろに御開帳を勤めています」とまとめられた池仏さまのあらましである。
　こうした文脈で、天正地震の被害を仏罰だという解釈が出るのは自然な流れであろう。もっとも罰当たりなのは仏像を盗み出して熔かそうとした者たちで、そのため主家の内ケ島氏もろとも帰雲城まるごと一夜にして埋没したのだという次第になる。仏像を盗み出す手ほどきをした宿は西洞という土地にあり、不届き者たちに豆いりを持たせてやったために西洞では豆ができなくなったという。仏像を熔かそうとした舞台となった水沢上が海のようになったのも仏罰という訳で、寺宝を手にした道立との対比も鮮やかな仏法説話になっている。
　関連して、この大災害の中を信心深いババ様が一人だけ茶釜を抱えて助かったという話も残る。助かるまでの七日七晩、茶釜を抱えて座っていたという岩が「婆岩(ばばいわ)」の名前でめいほうスキー場（郡上市明宝奥住水沢上）の駐車場わきの山すそに伝えられている（写真1）。
　浄念寺では池仏さまの話を分かりやすく伝えるため、明治26年（1893）に『池佛如来絵伝』が作成された。昭和50年（1975）に表装、平成25年（2013）に修繕して現在まで伝えられている（写真2）。水沢上で大規模な山崩れが発生したのは「荘厳講記録」にも記述があることで、戦火を逃れるべく預けた寺宝が天災に遭ったとなっては、住職が必死にそれを探したことは事実であろう。
　なお、筆者が池仏さまの話を知ったのは浄念寺ではなく、郡上市大和町の古老・島崎増造氏（故人）から聞いたのが最初である。地元のお寺の話として聞いたが荘川に「池仏山」を号する寺があるのが本所ではないか、と独自に調べておられたところを縁あって合流させていただいた。華麗な『絵伝』と分かり

[コラム 1] 池仏さまの話

写真1　婆岩（2021年4月10日　筆者撮影）

写真2　『池佛如来絵伝』部分
（2021年10月16日　筆者撮影）

やすい説話ゆえに話が広がった先に島崎氏のような方がいたのだろう。島崎氏の語りの中では婆岩で助かったババ様は、仏像を熔かそうと画策する衆に「罰当たりなことをするな」と諫めていたから助かった、という話になっていた。

　池仏さまの話は、天正地震について土地の人が語り継いできた物語としての側面を持つ。信心を呼び起こすための物語であるだけでなく、山での地震が山崩れに限らず水害も伴いうることを否応なく認識させてきたことだろう。

　歴史時代の地震についてはすでに膨大な史料群が蓄積されてきており、口伝

で語り継がれる話は、史実としての信憑性が劣ることになるので資料としては顧みられにくい。しかしこうして生き生きと語り継がれる説話は、史実の分析とは違った角度から、鮮やかに過去の災害を思い起こさせる力を持っている。

註
1) 矢田俊文『近世の巨大地震』は最初に天正地震を取り上げ（矢田 2018: 10-18 頁）、この2つ以外にも天正地震に関する史料を紹介している。
2) 原文「于時天正十三年乙酉十一月廿九日亥子剋ニ、大地震初候而、十二月廿五日迄夜昼ユリ申候、已来春迄何程ユリ可申候哉、不存事共候、白河・帰雲両山打崩□、内嶋殿氏理其外五百人余、牛馬等迄一時死申候。彼所にても小白河・丸山・ミゾウシ、帰雲同事候、其外江州左保山・長ハマ・尾州河内、越州北荘・ツルカ、日本国中在々所々及滅亡候、先代未聞候、然共当寺本尊社中已下諸人一人も無何事候、致祈祷を候間、神恵不思議と難有と万人申觸候也、」（岐阜県 1982: 61 頁）。

参考文献
岐阜県 1982『岐阜県史　史料編　古代中世　二』大衆書房
鈴木治幸 2020『池佛山　浄念寺』御恩忌法要実行委員会・池佛山浄念寺二十九代住職照元興圓
矢田俊文 2018『近世の巨大地震』（歴史文化ライブラリー 463）吉川弘文館
力武常次・竹田厚監修 1998『日本の自然災害』国会資料編纂会

第 4 章

防災と選別の社会学
―――〈仏像トリアージ〉から考える―――

小 川 伸 彦

は じ め に

　人間を社会的に選別することは、どこまで容認されるのか。近代社会において平等であるはずの人間を選り分けることは、原理的かつ理念的には、好ましくないと見なされるのが通例だ。

　しかし、災害や戦時などの有事においては、そのような選別が事実上必要となる場面が生じる。周知のとおりこれは広い意味でのトリアージの問題であり、法的側面・倫理的側面・選別基準設定の実践的側面・運用や技法の側面・救命資源の整備の側面、歴史的変遷の把握などに関して、これまで多くの議論がなされてきた[1]。

　それらをふまえつつ本章では、人間以外に対するトリアージもふくめて災害と選別の問題について考えてみたい。その導入として参考にするのは、京都市消防局の取り組みをめぐって起きた「仏像トリアージ（文化財トリアージ）」の事例である。これをヒントにしながらさまざまなトリアージのタイプを整理しつつ、防災の社会的機能を考えてみたい。

第1節　視点

　本章で採用するのは、社会学における逸脱研究の視点である。
　物事のこれがよいとかこれが優先だということに関わる暗黙の了解や、

日常に潜在する構造的な特性などは、通常はなかなか目に見えない。しかし、ひとたび逸脱的・病理的とみなされる現象が起きたり、災害や戦時などの際になると炙り出されてくるものがある。ふだんの制度設計が悪かったとか、管理や施策が不十分だったとかの構造的なものや、それを支えていた暗黙の価値観や社会意識が有事においてこそ見えてくるのである。

　社会学の歴史においてこの視点は早くから採用されてきた。フランスのE. デュルケームは今から120年ほど前に『自殺論』（Durkheim 1897）という本を書いたが、この研究は自殺の病理だけを解明しようとしたわけではなかった。彼が試みたのは、社会に潜在する幸福と不幸の状況という不可視のものを把握するために、社会現象としての自殺に注目するということであった。それは例えば現代のいじめ研究にも通じるものがある。いじめ問題そのものを解明するために研究がなされると同時に、学校や社会のいわば健康状態を知るためにいじめを見るという側面もあるからである。

　この着想を応用し、本章でも、〈災害を防ぐためだけに災害を見るのではなく、普段は不可視になりがちなものを知るために災害や防災を見る。そのことで、よりベターといえる社会づくりのあり方をさぐる〉という視点を採用したい。つまり、災害を研究すると同時に、災害や防災というメガネで平時の社会を考える、という視座である。

第2節　「仏像トリアージ」

　医療におけるトリアージというのは、ケガや感染をした多くの人々を、限られた資源しかないという状況下で、効率よく助ける緊急時の仕組みである。この「効率よく」の意味や基準がまさに問題なのではあるが、多くの場合に採用されるのは、生命反応がない、もしくは助かる見込みがないことが明らかであるような人には黒いタグをつけて処置の優先順位を下げ、生存の可能性があって危険度の高い人は赤いタグつけて優先的に処置や搬

第 2 節 「仏像トリアージ」

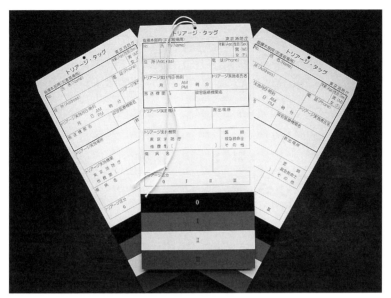

図1　トリアージタグの例（東京消防庁）

送・治療をし、待つことができるような人には黄色のタグをつけて 2 番目の優先順位とし、軽傷であったり専門的な治療が不要と判断される人には緑色のタグ、というような措置である[2]。

　そもそもこのトリアージ（triage）という語はフランス語で「選別」という意味であるが、本節で紹介するのはこの語を用いた「仏像トリアージ」である。これは、2008 年に京都市の消防局の文化財防災担当者による発案の通称であり、実際には仏像以外の文化財も含む。その趣旨は、寺社にある文化財を火災発生時にうまく搬出・保護するために役立つ台帳とカードを作成して備えるというものであった。具体的には、寺社の堂宇ごとの文化財のうち、国宝を赤、重文を黄、府指定文化財を青、市指定文化財を緑で色分けし、一覧カードと「文化財トリアージタグ」を用意し、火災発生時には重要度の高い順に搬出しようという計画である。

　しかしその後この計画への違和感や反発の存在が判明し、方針の変更が

次のように報道されるに至った。

> この取り組みは08年度の消防庁長官表彰を受けるなど高い評価を得た。ところが、消防がその作業で寺社を訪ねたところ、文化財に指定されていない秘仏や本尊も多数あることが判明。トリアージが持つ「順位付け」のニュアンスに対し反発が強いことが分かった。そこで、消防局はトリアージの不使用を決め、トリアージタグを「文化財タグ」に改称。搬出した仏像の首に掛けるなどし、照合に用いることにした。搬出の優先順位とは無関係という位置付けだ（2011年2月19日、毎日新聞夕刊）

寺側の意見としては、国宝や重文がたくさんある東寺の防火管理者による下記の談話も紹介されている。

> 国宝を優先的に選び出そうとして手前の仏様がたくさん焼けてしまっては残念だ。優先順位を付けるのは難しいと思っていた（同記事）

この事例がわれわれに教えてくれることは何だろうか。次節で考えてみたい。

第3節　災害関連トリアージ

　この仏像トリアージの問題を社会学的に考える上で、重要なポイントが三つほどありそうだ。
　一つめは、〈医療分野以外においても、災害とトリアージは密接な関係がある〉ということだ。二つめは、〈物事（ここでは仏像をはじめとする文化財）の価値づけに、見解の相違があったことが明るみにでた〉ということ。

消防局は、いわば当然のこととして国宝を優先しようと思ったが、寺院は同じ認識ではなかったというわけだ。三つめは、〈災害が起きる前の防災段階でこの相違が明らかになった〉という点だ。

この事案から、まず、トリアージ概念を拡張する可能性と必要性が見えてくる。トリアージというものを、災害をめぐってなされる優先順位づけ一般のことだと拡張的に定義すると、あらゆる局面でトリアージが要請されうる点に注意を向けることが可能となる。その観点から〈災害関連トリアージ〉という広い概念をここで設定し、その内容を考えてみると、少なくとも次のア〜オの五つの分野がありそうだ

ア）ものトリアージ（＝何をどんな順番で防災し救うのか）
イ）情報トリアージ（＝どんな情報を選び、発信するか）
ウ）空間トリアージ（＝どこから防災し、救済するのか）
エ）主体トリアージ（＝誰を対象として、防災し、救済するのかの順位づけ）
オ）関係・しくみトリアージ（＝どの社会関係・どの仕組みを先に防災し、救済するのか）

それぞれについてイメージしやすい例をあげてゆくなら、まず、〈ものトリアージ〉とは、何をどんな順番で防災し救うのかということであり、まさに京都市消防局が考案した文化財トリアージがその例といえよう[3]。

次の〈情報トリアージ〉とは、どんな情報を選びいかに発信するのか、という優先順位づけの問題である。一般に、トリアージとは必要な資源（＝医療人材・治療空間・薬品や機器・時間）に制約がある場合に必要となる措置である。もしも、広大な治療施設・無限の病床・膨大な機器・薬品、無数の医者・看護師が待機していれば、原理的にはトリアージは必要なく、すべての患者を一斉にかつ適切に治療することができる。しかしそのような態勢を平時から常に用意しておくことは困難である。その結果として、

災害発生時にはどうしても資源やキャパシティの制約が生じるために、トリアージが要請されることになるのである。

では、なぜ情報においてもトリアージが必要なのか。今日の情報は多くがデジタルであり、あらゆる情報を一斉にウェブサイト等に掲載できるのだから、キャパシティ面での制約は一見すくなそうである。しかし実際には、テレビやラジオなど時系列に発信すべき媒体も重要であり、そこでは、何から先に配信するのかという時間的なトリアージの問題が生じる。

また、受け手の情報受容面でのキャパシティというものも考慮せねばならない。あまりに多くの情報が一挙に提示されても、受け取る一般の人々の側としては、すべてを理解し適切に仕分けして行動することは困難である。したがって、国から自治体までの各レベルの防災本部・拠点や諸メディアは、被災や救援などに関する情報を取捨選択、つまりトリアージする必要に迫られるわけである。その手順を発災時に考えても手遅れであるので、平時において、この情報トリアージの方針が立てられていなければならない。

次の〈空間トリアージ〉というのは、どこから防災し救済するのかに関わるものである。どの自治体のどの地域からなのかといったマクロなものから、たとえば大学において教室棟から耐震等の防災措置をするのか、研究棟からなのかといったミクロな判断まで、多くの事例があるだろう。

〈主体トリアージ〉というのは、傷病者に対する緊急的な狭義のトリアージもふくむが、さらに大きな枠組みで、誰を対象として防災し救済するのかの順位づけのことである。そこではどのような存在を災害弱者と考えるのか、などの問題が関係している。その例は次節で示すが、広く捉えれば、姥捨伝説などに描かれた高齢者遺棄や間引きの問題なども、生存資源の制約や枯渇（ex. 飢饉など）に直面したイエや共同体における主体トリアージの事例といえるだろう。

〈関係・しくみトリアージ〉というのは、家族関係・職場関係・友人関

係・近隣関係・人間‐ペット関係、などさまざま関係のなかでどれを念頭に防災や救済を講じるかや、諸インフラ・情報基盤・物流システムなどさまざまな社会のしくみのうちでの、防災・復旧の優先順位に関わるものだ。

第4節　同床異夢問題

　このように〈災害関連トリアージ〉を列挙すると、どの分野も結局のところ、防災の担当組織・担当者やメディアがちゃんと考え、適切に分業し、とにかくきちんとやればよいだけのことではないか、という声が聞こえてきそうだ。しかし事はそんな単純ではないというのが「仏像トリアージ」問題の教えである。消防局の担当者・担当部署が入念に考えたはずなのに、ひとたび公表すると寺院から違和感が表明されたからだ。

　このような事態を、「同床異夢」問題と名付けてはどうだろうか。関係諸主体が、平時においては同じ価値観を共有し、同じ方向を向いていると思い込んでいた（＝同床）にもかかわらず、災害等の有事（の想定）をきっかけにして、互いに実は異なることを考えていた（＝異夢）ことが明るみに出るような事態が「同床異夢」問題である[4]。

　なにかの対策を講じるシステムの側（国や自治体や諸機関やメディア）と、講じられる側としての一般の市民との間で、優先順位をめぐって認識が一致していないことがありうるのは、意外なことでも不思議なことでもない。重要なのは、同床異夢性が認識されているかどうかだといえるだろう。

　仮に整理するなら、災害トリアージのなされ方には少なくとも次の3種類がある。

X）順位確定型：順位について衆目が一致しているといえるケース
　　（例：人命より文化財の救済を優先することはない）
Y）葛藤型：トリアージの順番づけが難しいことがはっきりと認識され

ているケース
Z）無自覚型：難しさに無自覚なままトリアージをしていたり、そもそもトリアージをしているということ自体が認識できていないケース

仏像トリアージの事例で評価しうるのは、発災前に立案がなされ、かつトリアージをする側（＝消防）とされる側（＝寺院）とのコミュニケーションを通じて、同床異夢性を事前に発見することができた、という点である。同床異夢であること自体はノーマルなことともいえ、「問題」ではない。真の問題は、それに気づかぬまま物事が進む点にある。

　無自覚型の例としては、町中における防災マップの掲示などが挙げられよう。河川の氾濫で被害が予想される浸水地図や、地震時の避難所などのマップが掲出されているボードの場合、どんなトリアージがなされているといえるだろうか。もしそれがすべて日本語で書いてあるマップなら、日本語が読めない人はトリアージされ、救済対象から除外されていることになる。掲示の高さによっては、車いすに乗っている人や子どもには見えにくく、そういう人たちも、無自覚にトリアージされ除外されているということになる。上記の分類でいえば、これが〈主体トリアージ〉の例である。

　もちろん、あらゆる外国語を併記したり、さまざまな高さで掲示したりという措置には、物理的に無理があり、限られた資源の中でなんらかのトリアージは不可避である。したがって、トリアージせざるを得ないことが問題なのではない。大事なのは、それが無自覚になされるのではなく、認識され葛藤しながらなされるほうがよい、ということだ。そうすれば、たとえば、多言語版やフリガナのあるバージョンのサイトに誘導するようなQRコードや点字情報を付設するなど、工夫を思いつくきっかけにもなるだろう。

第5節　防災的トリアージの社会的機能

　トリアージという観点から防災について考えてきた。まとめるならば、「無自覚から自覚・葛藤へ」ということだ。

　ひとたび災害が起きれば、都市・コミュニティの空間・人間・インフラ・生業・ペット・文化財などあらゆるものが被害を受ける。それを想定して都市防災・コミュニティ防災・ペット防災・文化財防災などがなされうる。

　実際、家の中を耐震化するにしても、どこから着手するのかなど小さなことでも順位をつけることが必要になる。どの防災を優先するのか。時間の猶予がたっぷりあればゆっくりやればいいわけだが、災害は今日明日にでも起きるかもしれない。よってある程度の事前の優先順位づけは不可避である。上述のア〜オの5分野のそれぞれについても、何を優先するのかという判断決定を迫られるのが防災の営みだといえよう。

　災害とは、一定地域に居住するあらゆる存在に平等にふりかかる可能性がある事態だ。それはトータルなものである。つまり、災害について考えることはすべての存在について考えることであり、そこに大きな重要性がある。しかし災害時において、すべてを一挙に救済することはできない。だからこそ、みてきたように、各分野において災害関連トリアージがなされることが不可避となる。とはいえ災害対策や防災の構想が単なる選別の営みであってよい、というわけではもちろんない。トリアージに向けた準備は優先順位を設けることで選別を正当化する作業となりかねず、そこに大きなジレンマがあるのだ。

　では、トリアージをなしつつ選別を正当化しないという第3の道はあるのだろうか。ここでヒントになるのが、仏像トリアージの例で指摘した同床異夢の状況だ。キーワードは〈認識〉である。すでに指摘した「自覚」の重要性を敷衍して言えば、それは三重の認識であることが望ましい。

つまり、ⅰ何らかの選別をしているのだという認識、ⅱ選別する側とされる側とで優先順位の基準が異なるかもしれないという多元性の認識、という2つを踏まえて、ⅲ選別が行われない理想のあり方をイメージし認識すること、である。このイメージ化は、災害が起こらずとも、さまざまな災害関連トリアージの分野での防災の段階で行うことが可能だ。

災害を想定し、それを先取りして策を練って、その策を広く討議にかけることによってその策はより洗練される。答えが出ない場合が多いかもしれない。そうであっても、上記のⅰ〜ⅲの3つの認識を重んじようというメタ認識が重要である。なにもない状況からいきなりⅲの認識を具体的に行うことは容易ではない。きっかけがないからだ。しかし、防災の必要性に迫られてトリアージの想定をすることで、認識ⅰ・ⅱをへてⅲへと達することが可能になるはずなのだ。

災害を避けさえすればよい、なるべく減災しようというような、マイナスをゼロに近づける発想だけではもったいない。繰り返しになるが、災害は、社会の構成員をすべて巻き込む巨大な事象である。だからこそ、その防災のフェーズにおいて、あらゆる存在の平等化契機となる。「いまここで災害が生じたら、だれがどれほどの困難に直面するのか」ということを、常に個人としても、組織としても、また施策としても想像すること。この想像力こそが新しい日常をつくり出す知恵につながるであろう。それは、すこしでもベターといえる社会づくりに寄与するものであるはずだ。

おわりに

そもそも、あらゆる存在の救済について前もって考えておくというようなことは、ほとんど宗教的な営みである。

よく知られているように、旧約聖書の創世記にはノアの方舟に各動物をひとつがいずつ乗せたとある。数を限ったのは方舟にもキャパシティ面で

おわりに

図2　ノアの方舟に乗り込む動物たち
Edward Hicks *Noah's Ark*（1846）
所蔵：Philadelphia Museum of Art

の制約があったからだ。では、どの個体を乗せるのかを決める際の判断はどうしたのだろうか。なるべく元気そうなものにしよう、年をとった動物は乗らなくていいなどと選別されたのかもしれない。まさにトリアージである。気づかれているかいないかの違いはあっても、人類の歴史はトリアージの歴史だと行っても過言ではない。

　本章では防災がなされる際の、特にさまざま分野でのトリアージについて、その整理をしたうえで、3つの認識の重要性を指摘した。一言でいえばそれは「気づく」ことの大切さである。災い転じて福となす、という言い回しをもじるなら、防災転じて福となす、といってもよいかもしれない。適切な認識をともなう防災の営みは、たとえ災害が生じなくても、平時におけるさまざまな歪みを発見する契機にもなるのだ。

　ただし、何もかもに常に目配りし、配慮し、認識し続けるということは困難である。その行き過ぎは、あらゆることを隅々まで点検せねば、というような監視社会・モニター体制を強化してしまいかねない。そのあたり

のバランスにも留意しつつ、防災の社会的機能を今後も考えていきたいものだ。

付記
　本章は、〈防災・日本再生シンポジウム～「古都奈良の都市防災」〉（2011 年 10 月 22 日、奈良女子大学にて開催）における筆者の口頭報告「文化社会学の立場から」（奈良女子大学、国立大学協会編 2012『古都奈良の都市防災：平成 23 年度防災・日本再生シンポジウム：報告書』所収）を大幅に加筆修正したものである。

註
1) なかでも美馬達哉の論考（2021）は、内外の主要な先行研究を参照しつつ論点をわかりやすく整理し、トリアージの問題を適切に捉えるための提起をしている点で注目に値する。そこでは、諸事例に基づき「軍事トリアージ」「災害トリアージ」「救急トリアージ」「ICU トリアージ」を検討し、人命に関わるトリアージに限ってもその種別や判断基準が「多」であることを把握する重要性が指摘されている。
2) ただし、何が優先される状況であるかによって、判断は多様でありうる。負傷兵士の戦線復帰が重視される場合は、軽傷の者から優先的に治療するなどのこともありうる（美馬 2021: 143-146 頁）。
3) 発災後では、保存すべき被災物や遺構の選別がその一例である（小川 2015）。
4) 拙稿（小川 2005）では、法隆寺金堂壁画が 1949 年に焼損した事例に基づき、平時には不可視だった諸主体間の認識の差異が被災を契機として浮き彫りになるという同床異夢的な現象を描いた。ただしそこでは「同床異夢」という概念は用いていない。

参考文献
小川伸彦 2005「事件・シンボル・制度―法隆寺金堂壁画焼損と「文化財」の文化社会学―」『奈良女子大学社会学論集』12 号
─── 2015「言葉としての「震災遺構」―東日本大震災の被災構造物保存問題の文化社会学―」『奈良女子大学文学部教育研究年報』12 号
美馬達哉 2021「多としてのトリアージ」小松美彦・市野川容孝・堀江宗正編『〈反延命〉主義の時代　安楽死・透析中止・トリアージ』現代書館
Durkheim, E.［1897］1960. *Le Suicide: étude de sociologie*, PUF, Paris.（= 2018，宮島喬訳『自殺論』中央公論新社）

第 2 部
災害をめぐる言葉と思想

第 5 章

和辻哲郎の「風土」論再考
——風土としての看護的自然の日本芸術——

上原麻有子

は じ め に

　和辻哲郎の『風土』（1935年）では「風土」の理論の基盤とも言える「人間存在の根本契機」が展開されている。本章ではまずその内実の要点を確認し、その上で本書第四章「芸術の風土的性格」を取り上げ、そこに「風土としての日本芸術」の意味を読み込むという順で考察を進めることにする。和辻のこの芸術論の論調には「非-自然から自然へ」とも言える独特の自然観があることに気づかされる。一方、少数ではあるが「看護」という用語の使用が認められるのだが、今日の語の感覚からすると意表を突くような使い方だ。この稀な表現により和辻は何を意図していたのかを、「非-自然から自然へ」との連関から検討することで、彼の風土的芸術論の精髄を明らかにしてみたい。

第1節　「風土」の意味と理論的構造

(1)「風土」の意味——風土と自然の関係
　第一章「風土の基礎理論」では、「風土の現象」についてまず考察される。「風土」という言葉で和辻は何を意味しようとしたのか。また「風土」に「自然」はどのように対置されるのか。このような問題意識のもと風土の基本的な意味を確認することから始めよう。

第5章　和辻哲郎の「風土」論再考（上原麻有子）

「風土」とは「ある土地の気候、気象、地質、地味、地形、景観などの総称である」。「それは古くは水土とも言われている。人間の環境としての自然を地水火風として把捉した古代の自然観がこれらの概念の背後にひそんでいるのであろう。しかしそれを「自然」として問題とせずまず「風土」として考察しようとすることには相当の理由がある」（和辻 1993: 9 頁）。

つまり日本人が古来から親しんできた言葉としての「風土」は人間を「取り巻いて」いる「自然環境」を指すのだ、ということがここで確認される。

　　水土：①水と陸地。②土地。③転じて、その土地の自然の環境。風土（新村編 2008）。

「水土」は『広辞苑』では、自然環境を意味する言葉だとされている。これに対し「環境」という語は、1930 年代においてはまだ新しい語であったに違いない。

「環境」environment, Umwelt, environnement の翻訳語として日本語の語彙に入ったのは、「明治中期以降」。「生物」の教科書で「生物と環境」という表現が見られた。中国元代の『元史』に「環境築保砦」という表現が見られるが、この「環境」は「周囲の境界」というほどの意味だ。environnement は、オーギュスト・コント（1798-1857）が「すべての有機体の生存に必要な外部条件の全体」と定義。ラマルク（1744-1829）は「生物は環境に対して一方的に受身なのではなく、生物の営みによって環境が改変されるという、密接な相互依存関係が存在することを主張」した（石塚・柴田監修 2004: 47 頁）。このフランス語の environnement は、和辻が「自然科学の対象」としての「自然現象」と見なしたものに相当する。

第1節　「風土」の意味と理論的構造

「講義草案『風土』」

当初の研究計画――「国民性の考察」

　「風土」という主要概念を巡る「自然」と「環境」との関係について、和辻の思索の中ではどのように整理されていたのか理解する必要がある。著作『風土』の背景にあった講義草案を参照しよう。

　「環境」「自然」「風土」の関係についての考察は、『風土―人間学的考察』（1935年）の原型となった京都帝国大学における「昭和三年九月より四年二月に至る講義の草案」（『風土』「序言」）に見ることができる（和辻1992a: 373-394頁）。この講義ノートの表題は「「国民性の考察」ノート」だ。湯浅泰雄の全集内「解説」によれば、「和辻が風土論を構想するに至ったきっかけとしては、ハイデッガーの時間論に対抗して空間論を試みたという側面が強調されることが多い」が、「当初の問題設定の焦点はあくまでも「国民性 Nationalcharakter」にあり、マルクスの理論をとり込みつつ批判的に拡張しようとする姿勢で書き始め」られた（湯浅1992: 481頁）。

　この思想背景は、研究者の間でもさほど注目されてこなかったようである。和辻の「風土」に関する研究は、「世界の諸民族の国民性（民族性）を比較研究考察するための基礎理論として構想」されることから始まったという。湯浅が指摘するように、和辻による世界の地理的特性を表わす「風土の三類型」は、その後1930年頃執筆されたという「国民道徳論」の構想メモに組み込まれているわけだ（湯浅1992: 477頁、475頁）。

　このような1930年代初めの「国民道徳論」は、米谷匡史によれば、「普遍的理論としての倫理学を、具体的動的な歴史研究としての倫理思想史に接続するもの」であり、「個人性と社会性が相互媒介しあう人間存在の動的構造」が「歴史的・風土的限定をうけて、特定の「国民」の道徳としてあらわれる」ような理論化がそこでなされたのである（米谷2000: 298頁）。

　『風土』の成立事情は興味深いものの、本章にとっては二次的問題であ

るためさらに踏み込むことはせず、目的の環境・自然・風土の関係を読み取るための論述を追ってゆこう。

マルクスの Naturbasis〔自然基底〕

　和辻は、講義草案ではハイデガーの『有と時間』でなされた「現存在」Dasein の分析を検討する文脈で、Umwelt を「環境」と訳している。

> Wetter〔天候〕、Klima〔風土〕、Boden〔土地〕、Landschaft〔風景〕という如きものが、その最も根本的な姿に於て如何なるものであるかは、Heidegger〔ハイデッガー〕の Dasein〔現存在〕の Analytik〔分析論〕の如き方法に於て明かにさる、と思う。こゝでは生をそのもっとも具体的な姿に於て把捉解釈し、かゝる基礎的な層に於て Umwelt〔環境〕或は Natur〔自然〕が何を意味するかを問題としてゐる（和辻 1992a: 380 頁）。

　この「天候、風土、土地、風景」は、先に『風土』（の冒頭）からの引用で示した言葉に対応する。「風土」とは「ある土地の気候、気象、地質、地味、地形、景観などの総称である」。これは「自然環境」を指す一連の言葉であったと言えよう。しかし和辻は、「それを「自然」として問題とせずまず「風土」として考察しようとすることには相当の理由がある」、という見方を提示したのであった（和辻 1993: 9 頁）。本章は、その理由を求めてここまで読みを進めてきた。

　しかし、「Wetter〔天候〕、Klima〔風土〕、Boden〔土地〕、Landschaft〔風景〕といふ如きもの」は、ハイデガーから引いたのではなく、むしろその前の文脈で言及された、マルクスの Nation に関する理論の要約に認めることができる。「マルクスに従って Nation を次の如く定義して置こう。"Nation とは、土地、気候、種族等の特定の Naturbasis〔自然基底〕の上に、

第 1 節 「風土」の意味と理論的構造

歴史的伝承、言語、性格の特徴などを同じくしつゝ、歴史的社会的発展過程によって生じたまとまれる大衆（Massengebilde）である"（和辻 1992a: 375 頁）。

Nation（人民、国民）の定義については、まさにこの「自然基底」という問題を問うことで、和辻は「Nation の特殊性」という問題を深めようとした。それが風土について問う方向へ発展したと、筆者は解釈してみたい。風土という着想、あるいは自然としてではなく風土として考察するという企図の源はここにあったのだ。

マルクスの「Naturbasis」は、「Nation」（国民）の「特殊性に対していかに重大な意義を有するか」が明らかにされていない。そこで和辻はこの問題の解決へ向けて「国民性」の考察を帰途し、そこからハイデガーの「Leben〔生〕或は Dasein〔現存在〕の Struktur〔構造〕」の考察へ踏み込むのである。要するに、和辻はマルクスの説明の欠落を補うため、ハイデガーの「現存在」分析の考察へと向かうことになったのだ（和辻 1992a: 378-389 頁）。

ハイデガーの Dasein〔現存在〕の構造

ハイデガー関連の考察においては、先に見た「Umwelt〔環境〕或は Natur〔自然〕」が何を意味するか」（和辻 1992b: 380 頁）というまさに興味深い問いが提示される。和辻は検討を進める中でハイデガーから核心的な問題を得たのであるが、そのことは以下から理解される。

「世界・内・存在」（In-der-Welt-Sein）、「人間と外界との対立」の問題：

> 通例、"人間は Umwelt〔環境〕[1]を持つ" と云はれる場合、そこには人間を取りかこむ外界と、それに認識的或は実践的に関係する人間とが対立すると考へられる。Klima〔風土〕や Boden〔土地〕の人間に与へる影響が自然科学的に説かれる時には、この対立は常に予想され

てゐる。然しながらかゝる外界の存在が確実に証明され得ないことは、……哲学上の困難な問題とされた。……それが困難であるのは、こゝに"in mir〔我の内〕"と"ausser mir〔我の外〕"との別を立て、その間の合致を求める故である。…… Heidegger は Dasein〔現存在〕は In-der-Welt-Sein〔世界・内・存在〕として、人間と外界との対立、或は Subjekt-Objekt の対立よりも一層基礎的なものであり、外界の認識といふ如き事は、Schon-Sein-bei-der-Welt〔すでに・世界の・もとに・あること〕に前から（予め）根拠づけられて始めてあるのである（和辻 1992b: 380-381 頁）。

このように、和辻は、存在する私とその対象を、あるいは主観と客観を区別する二元論的思考とは異なる、より根源的な存在の基礎をハイデガーに読み取るのだ。そして、「In-der-Welt-Sein〔世界・内・存在〕」という事態を学びつつ、おそらく「人間と外界との対立」とは異なる「風土」を発想するに至ったのではないだろうか。1935 年刊行の『風土』で、それを明確に打ち出してはいるものの、実は当初より風土は対立的環境ではない、という明確な確信をもっていたわけではなかったようだ。

一般には環境は対立的な意味に、つまり「外界」として理解され、その具体的な姿として、「Wetter〔天候〕-Klima〔風土〕-Boden〔土地〕-Landschaft〔風景〕」が挙げられるという。風土はその一つである（和辻 1992b: 380 頁）。

しかしハイデガーによれば、「Umwelt〔環境〕の真の理解は、In-der-Welt-Sein〔世界・内・存在〕の Welt〔世界〕の理解から得られる」という。

> Welt は、本質的に Dasein〔現存在〕でないもの（Seiendes）の規定ではなくして、Dasein 自身の（即ちおのれの存在に於てその存在にかゝはり、その存在を理解させる存在者の）Charakter〔性格〕である……、faktisch〔事実的〕な Dasein がそれとして生きている Worin〔入れもの〕であ

第 1 節　「風土」の意味と理論的構造

る……。……Umwelt はこの Dasein の最も手近かな有り方たる日常性に於ての最も手近かな Welt である……。この"Umwelt に於て出合ふものの存在"が……常識的に外界と云はるゝものの、従つて Wetter〔天候〕-Klima〔風土〕-Boden〔土地〕-Landschaft〔風景〕などの存在の真相を示すのである（和辻 1992b: 382 頁）。

　このようにハイデガーの Umwelt〔環境〕は、外界としての風土の「真相」を示すのであるが、この理解において和辻は「風土」に注目したのだと、考えられそうだ。上記のハイデガーの再解釈が和辻を風土の研究に向かわせたのだ。『風土』の第一稿で確認しよう。

　「風土」が「我々」に影響を及ぼすといふ如き考へ方の根柢に存する常識的な物の見方そのもの、即ち「風土が我々を取り巻いて存在する」といふ見方そのものを根本的に洗ひ上げ、風土の現象をその真の姿に於て見ようとするのである[2]。

　そして 1935 年刊行の『風土』では、「この書のめざすところは人間存在の構造契機としての風土性を明らかにすることである」とされたわけだ（和辻 1993: 3 頁）。

「自然」としてではなく「風土」として考察する理由
　『風土』の文脈に戻り、和辻自身の問題提起を再度確認する。「ある土地の気候、気象、地質、地味、地形、景観などの総称」を「「自然」として問題とせずまず「風土」として考察しようとすることには相当の理由がある」（和辻 1993: 9 頁）。和辻が風土に焦点を当てるのはなぜかという基本的な問いについて考える必要がある。まず、「風土」という語には必然的に個別民族性、個別文化性、つまりなんらかの特殊性が含まれる。「ある土

地の気候、気象……」、「我々はすべていずれかの土地に住んでいる」、「その土地の自然環境」（和辻 1993: 9 頁）のように、和辻は特定の空間性を表現している。「風土」と「自然」との違いは、この特殊性、場所性の含意にあると言える。しかし、「自然」の問題は本書の冒頭ではまだなんら明らかにされぬままだ。歴史的に各文化において多義性を獲得したこの「自然」の概念について、和辻が何を理解していたのか、「風土」との関係で検討しなければならない。これについては「芸術」論のセクションで、「非-自然」という切り口から考えてみたい。

(2)「人間存在の構造契機としての風土性」

次に、Umwelt を風土の問題へと転換した和辻が、『風土』で表明した問題意識を、5つの要点に整理し探る。

①「現存在」の読み替えから「風土」の理論構築へ

「序」で明言された目標は「人間存在の構造契機としての風土性を明らかにすること」であった（和辻 1993: 3 頁）。本書の副題は「人間学的考察」であることに、再度注意しておこう。構想される風土は、混同されやすいが自然科学の対象となる自然環境ではない。これは和辻が構築する人間学あるいは人間存在の学の中で扱うべき風土であり、人間存在の学は、人と人との「間柄」という性格的構造を有するものだ。「人間存在の構造契機としての風土性」とは、したがって、「間柄」の変化してゆく動的な構造を風土性に見ることだ。

②人間の「間柄」的二重構造

「間柄」および人間存在の学の理論的な説明は、『人間の学としての倫理学』（1934 年）でより詳しく展開されている。ここでは「風土」に深く関連する概念である「間柄」を自他論と捉えた検討がなされる。

第1節　「風土」の意味と理論的構造

　和辻は「間柄」を独自に構造化した。そこに、「「人」(anthrōpos, homo, homme, man, Mensch)」と同時に「人々の結合あるいは共同態としての社会」の両面をもつ「人間」を把握するための構造が構築されたのだ。「人間存在の根本構造」は、「個であるとともにまた全である」というもの、言い換えれば個と全の、または個人と社会の「二重性格」をもつものなのだ。この合一としての「人間存在の根本構造」が、まず和辻によって主張される。（和辻 1993: 18 頁）

　このような構造を具えた人間存在は、一が分裂しまた合一する「運動」だと言われる。一から「無数の個人に分裂」し、それを「通じて種々の結合や共同態を形成する運動」なのだ（和辻 1993: 18-19 頁）。この人間と社会の関係を、和辻は「自他不二」の構造だとも言う。つまり、「自と他とに分離しつつしかも間柄として合一している」のである。「合一」とは、「本来自でもなく他でもない」ということ。その「ないことの否定として己れを現わしたもの」が「自」あるいは「他」である。人間存在とは、このような否定を通して己を現わす運動だということになる。（和辻 2017: 211-212 頁）

③空間への注目──人間存在の時間的・空間的構造、人間存在の歴史的・
　風土的構造

　和辻にとって、ハイデガーが「人の存在の構造を時間性として把捉する試み」は、「興味深いもの」であるが、「時間性がかく主体的存在構造として活かされたときに、なぜ同時に空間性が、同じく根源的な存在構造として、活かされて来ないのか」が「問題」であった。「空間性に即せざる時間性はいまだ真に時間性ではない」。和辻によれば、ハイデガーは人間存在を「ただの人の存在」、「個人」と捉えたが、それは「人間存在の個人的・社会的なる二重構造から見れば、単に抽象的なる一面」にすぎない。（和辻 1993: 3-4 頁）

人間存在の構造を「時間性としてのみ把捉」するのは「個人意識の底にのみ人間存在を見いだそうとする一面性」に陥ることだ。和辻が選んだ「間柄」という語は、まさに時間・空間の両方を意味する。ハイデガーが内的に深めた時間性に空間性が加わることで、「人間の作るさまざまの共同態、結合態」は「社会の静的な構造」ではなく「動的な運動の体系」となり、「否定の運動」が「実現」する。和辻は、このような運動は人間の「主体的身体なしに起こるものではない」ことも強調する。こうして「歴史」が形成されゆく。（和辻 1993: 19 頁）

　和辻によれば、「単に精神の自己展開である」という「歴史」はあり得ず、「精神が自己を客体化する主体者である時にのみ」、「自己展開として歴史を造る」。この「主体者」には「主体的肉体性」が具わっており、それを和辻は「風土性」と呼ぶ。「風土性」は歴史に「主体的肉体性」を与えると言えるだろう。（和辻 1993: 20 頁）

　時間的・空間的構造をもつ人間存在は、「有限的・無限的二重性格」に特徴づけられるが、この性格は「人間の歴史的・風土的構造として最も顕わになる」、つまり抽象されず十全に現われてくるのだ。有限と無限について、和辻はこう書いている。「人は死に、人の間は変わる、しかし絶えず死に変わりつつ、人は生き人の間は続いている。それは絶えず終わることにおいて絶えず続くのである」。和辻の求める「風土性」あるいはこう言い換えてもいいなら場所性は、必ず歴史性と風土性が相即するところに現われる。それは「人間の歴史的存在がある国土におけるある時代の人間の存在となる」ところであるのだ。（和辻 1993: 19-20 頁）いつ生きるかのみならず、どこに生きるかが、人間存在を把握するための決定的な要因となる。和辻はこう考えたのだ。

④主体的人間

　「個であるとともにまた全である」と言われた、個と全体の二重構造、

あるいは歴史的・風土的二重構造の中で、個の主体性はどのように発揮されるのか。『風土』の冒頭で、「人間存在の構造契機としての風土性」は「主体的な人間存在」の立場に立つことが、表明されている。

和辻にとって、風土は人間存在の対象となるものではない。人間存在もまた、対象化されて捉えられる主体ではない。その意味での「主体的な人間存在」(和辻 1993: 23 頁) が、実際、どのように歴史的・風土的としてあるのかが、明らかにされなければならない。まずは、「主体」の意味を『人間の学としての倫理学』での説明に基づき確認しよう。

主体は身体／肉体をもつ実践的な人間である。実践的人間は「我」という主観ではなく「我々」という主体である。「間柄において汝・我れあるいは彼・我れなどとして働き合うとき、それが主観客観の対立に陥らず、汝はまた我れであり我れはまた汝の汝であるというごとき」、相互性の「主体的連関」がある。ゆえに「我々」が成立する。これが「主体的な間柄」であろう。(和辻 2017: 194 頁)

（私としての）私と（あなたとしての）私が統一されて私たちになるのではなく、まず私たちという間柄がある。つまり「我々は物を考え出す以前にすでに我々である」。では、この間柄的「主体的連関」においては、誰にも代えがたい「私」という契機はないのか、という疑問も起こる。和辻はこう強調する。「人間は間柄において「我れ」となる。我れはその独自性において間柄を現わしている」。(和辻 2017: 194-195 頁)

間柄における人間存在は、「行為」する主体である。「間柄において「ある者」を見るときには、この見られた者はそれ自身また見るという働きをする者」だ。このような「間柄における働き合い」が、「間柄」の「行為的連関」だと言われる。「行為は単に我れの意図や決意を含むのみではなく、他の主体についての了解をも初めから含んでいる」。「他の主体から規定」されることなしには「いかなる行為も行なわれない」。その意味で「行為はすでに無限に多くの了解を含んでいる」。だから「間柄のあるとこ

ろに必ず言葉や行為の仕方も生じ得る」のである。（和辻 2017: 196-198 頁）

⑤自己了解
　主体的人間には、三つの「超越」（1. 間柄、2. 歴史性、3. 風土性）がある。
1. 間柄：「人と人との「間柄」の「超越」が問題となる。「我々」が「自他」を見いださしめる地盤としての間柄そのもの」が、「超越」の場面、つまり「本来すでに「外に出る」（ex-sistere）場面」なのだ。例えば、「我々は寒さを感ずる。すなわち我々は寒さのうちへ出ている。だから寒さを感ずるということにおいて我々は寒さ自身のうちに自己を見いだすのである」。
2. 歴史性：間柄を「時間的構造」の観点から見ることもできる。この場合、間柄の「超越」は「歴史的意義を帯びて」いる。間柄そのものは「絶えず未来へ出て行く」。この「超越」があるために「間柄の歴史性」があるのだ。
3. 風土性：ここでの「超越は風土的に外へ出ること」だという。つまり「人間が風土において己れを見いだすこと」である。具体的な間柄としての「人間存在」にとって、自己発見は「共同態の形成の仕方、意識の仕方、従って言語の作り方、さらには生産の仕方や家屋の作り方等々において現われてくる」。（和辻 1993: 12、22-23 頁）

　「風土は人間存在が己れを客体化する契機である」。客体化することが自己を了解することなのだ。風土において人間は自己を発見する。この「自己発見性」が「人間」が「己れ自身を了解する」ことに他ならない。寒さの内に自己発見した人間に、着物を着させる、あるいはそのような着物を作らせる、家を造らせる。暑さの内に自己発見した人間には、団扇を使わせる、ということなのだ。（和辻 1993: 24 頁）

　「我々の存在は、無限に豊富な様態をもって風土的に規定せられる」。また「我々の存在」は、「過去を背負」い、「風土を背負う」が、この「負荷

的性格を持」ちながらも「自由の性格を持つ」。そこに「存在の歴史性」があり、この「歴史性」は「風土性と相即」する。このようにして、「風土的規定は人間の自由なる発動」に「一定の性格を与える」のだ。例えば、「道具としての衣食住」は「風土的性格を帯びる」ということがそれだ。（和辻 1993: 26 頁）

　人間存在の自己発見が、このように必ず風土的に規定されるならば、「風土の型」は「自己了解の型」となると言える。様々な風土における様々な人間が、存在をそれぞれに表現しているが、そこには「顕著な特性」が認められる。風土の型即自己了解の型とも理解される。和辻の目的は「具体的な人間の存在の仕方」（「特殊性における存在」）を把捉するために、「歴史的・風土的な現象」の「直接的な理解」に向かうことにある。（和辻 1993: 26-27 頁）

第 2 節　「芸術の風土的性格」

　第 2 節では、『風土』の「第四章　芸術の風土的性格」[3] を取り上げ、そこで和辻が見事に掘り起こしてゆく芸術における風土の日本的特性を見ることにする。

1）芸術の風土的性格

　まず、第四章の趣旨を明らかにしつつ芸術における風土的人間存在の構造契機の現れ方を確認しよう。

　ディルタイ（1833-1911）の美術論、文芸論に関する研究に基づき、「人間の本性に根ざし従ってあらゆるところに働ける芸術創作力が、いかにして民族と時代とにより異なる種々の芸術を作り出すか」という問いが、和辻によって提出される。これは「人類のつくり出すさまざまな文化体系に現われた精神生活の歴史性の問題」に関係する。さらにこの問題は、「「と

き」によって異なる芸術と「ところ」によって異なる芸術」という二つを含むことに、注意が向けられる。（和辻 1993: 204-205 頁）

　まさに、和辻が主張する人間の「歴史性・風土性」の密接な連関がここに見られる。和辻自身の考察は、「人間の本性に根ざし従ってあらゆるところに同様に働いている芸術創作力が、いかにして「ところ」により異なる種々の芸術を作り出すか」という問いのもと、進められる。これは、1「異なる芸術がどう異なっているか」、2「その特殊性が「ところ」の特殊性とどう関連しているか、あるいはかかる特殊性が芸術創作力をどう規定するか」の2点に整理される。（和辻 1993: 209-210 頁）

　和辻によれば、ヨーロッパの芸術の「特徴」は、「合理的な規則」にかなうことである。東洋の芸術には「合理的な規則をそこに見いだし得ぬような作品」があるが、「もとよりそこにもまとまりはある」。しかしそれは、「数量的関係」という合理的なものではない。（和辻 1993: 220 頁）

2)「看護」によって作り出された日本の自然と芸術
庭園-1
　日本の庭園とヨーロッパの庭園が比較される。ルネサンス期のローマの庭園には「人工の支配」、つまり「自然の美を殺すこと」が特徴として見られる。「近代のイギリス庭園あるいは自然庭園」は、「ただ自然のままの風景を一定の框に入れたものにほかならぬ。それは自然の美を活かす点において人工庭園にはるかに優るものであるが、しかしそこに加わる芸術的創作力はきわめて弱い」。（和辻 1993: 224-225 頁）

> 「日本の庭園において自然の美の醇化・理想化を見いだす」が、それは「決して自然のままではないのである」。「ヨーロッパの自然が自然のままでも決して荒れた感じにならないのに対し、日本の自然は自然のままの形においては実に雑然と不規則に荒れ果てた感じになる。……

第 2 節 「芸術の風土的性格」

かくのごとく無秩序な荒れた自然のうちから秩序やまとまりを作り出すという努力が、日本人をして造園術についての全然異なった原理を見いださしめた。自然を人工的に秩序立たしめるためには、自然に人工的なるものをかぶせるのではなく、人工を自然に従わしめねばならぬ。人工は自然を看護することによってかえって自然を内から従わしめる。雑草を、あるいは一般に遮るもの、むだなるものを取り除くことによって、自然はそれ自身のまとまりをあらわにする。かくて人は無秩序な荒れた自然のうちに自然の純粋な姿を探り求めた。そうしてそれを庭園において再現したのである。この意味において日本の庭園は自然の美の醇化・理想化にほかならぬ」。（和辻 1993: 225-226 頁）

　ここに、和辻が構想した一つの日本の風土的な「自然」が明らかにされている。庭園の雑草を取り除く常なる作業に強いられる苦労は、庭師と（和辻が示していない）庭園の鑑賞者／所有者との間柄の「行為的連関」の一例とも言える。この造園術は、「人工は自然を看護することによってかえって自然を内から従わしめる」という巧みな戦術によるのだということが分かる。
　注目したいのは造園、芸術のいずれの語彙にも入らぬこの「看護」という表現だ。和辻の論述中、唐突に出された感じがあるが、なぜこの言葉なのか。今日の使用ではかなり限定された文脈に限られるはずの、この漢語の各漢字の意味は次の通りである（藤堂編 1997: 891、1240 頁）。

　　看　：①動、みる　ある対象をみる。［類］見。「看花」　②動、みる
　　　　　みまもる、みはりをする。番をする。みまう。「看病」「看守」
　　　　　「其姉往看之＝その姉往ゆきておれを看る」［韓非・外儲説左下］
　　看護：病人などの世話をする。みとる。
　　護　：意味　（動・名）まもる・まもり　中のものを傷つけないよう

に、外からとりまく。かばいまもる。また、その手段や、その
　　　役目。(類) 守る・衛。「守護」「庇護 (かばいまもる)」「護衛」
　　　[国] まもり　おまもりふだ。

　自然を「看護すること」により、巧みに外からは分からぬように人工に従わせるのだ。ギリシャ庭園は、不規則な部分を取り除いて規則的幾何学的に調整される。いかにも人工の自然美を作り出していることが明白だというのだ。日本の自然美の創出はそれとは対照的で、人が黒子の役割を担うとでも言おうか、主役は自然であり、陰ながら人は自然をケアする、見守るのである。だが、この「看護」なしには自然美はあり得ない。

　人の自然に対する「看護」には、庭園を造る人と見る人との「間柄」のようなものがそこに生きているのではないか。人は雑草がはびこらぬよう看守し、「無秩序な荒れた自然のうちに自然の純粋な姿を探り求め」、自然を看護るのだ。「看護」には、強制や意図的な変化を目的としない優しさがある。そっと看て、問題があれば護る。相互に相手の主体性を尊重し自らは出しゃばらない人と人の間柄。和辻はそれを庭園の看護者と自然の間柄にも見ていたのであろう。

(3)「非-自然」の芸術作品
庭園-2

　日本庭園の例がもう一つ挙げられている。「合理的規則」によるのではないが確かにそこには「まとまり」、「偶然」の「調和」(和辻 1993: 228 頁) があるという。

　　　かくしてできあがった庭園はいかなるまとまりかたを持っているであ
　　　ろうか。……それはただ杉苔の生い育った平面に一本の松、あるいは
　　　五七の敷き石があるきりである。(……大徳寺真珠庵方丈の庭、玄関先、

第 2 節　「芸術の風土的性格」

桂離宮の玄関先など。）それは統一すべき多様さを持たない、従って本来統一されている単純なものに過ぎぬとも言えよう。しかしこの杉苔は自然のままではこのように一面に生いそろうことのないものである。それはただ看護によって得られた人工的なものにほかならぬ。しかもこのように生いそろうた杉苔は刈りそろえられた芝生のような単純な平面ではない。下より盛り上がって微妙に起伏する柔らかな緑である。その起伏のしかたは人間が左右したのではない自然のままのものであるが、しかし人間はこの自然のままの微妙な起伏が実に美しいものであることを知って、それを看護によって作り出したのである。……その配置は……幾何学的な比例においてではなく、我々の感情に訴える力の釣り合いにおいて、いわば気合いにおいて統一されている。ちょうど人と人との間に「気が合う」と同じように、苔と石と、あるいは石と石との間に、「気」が合っているのである。そうしてこの「気」を合わせるためには規則正しいことはむしろ努めて避けられているように見える。このようなまとめ方は庭を構成する物象が複雑となればなるほど著しく目立って来る。人工を加えない種々の形の自然石、大小種々の植物、水、――これらはすべてできるだけ規則正しい配列を避けつつしかも一分の隙もない布置においてまとめられようとする。
（和辻 1993: 226-227 頁）

　このような和辻の観察、分析は、自然（人の手をまったく加えないもの）と人工の協働調和という「まとまりかた」を浮き彫りにしたと言えよう。まさに巧みな非-自然化である。自然と人工は協働調和的に統一するのだ。純粋な自然を表現する意図をもち、自然だと見せかけておきながら、非-自然化する、これが看護のもう一つの黒子的技なのである。苔と石との、石と石との「気合い」とは、非-自然の調和と言えるが、実際はそれを見る人（庭師や庭園の鑑賞者）の感じ得るもの、直観し得るものなのであろう。

連句

続いて「気合い」との関連から「連句」に注目してみよう。

> 連句においてはおのおのの句は一つの独立した世界を持っている。しかもその間に微妙な˙つ˙な˙が˙り˙があり、一つの世界が他の世界に展開しつつ全体としてのまとまりを持つのである。この句と句との間の展開は通例異なった作者によって行なわれるのであるから、一人の作者の想像力が持つ統一は故意に捨てられ、展開の方向はむしろ「偶然」にまかせられることになる。従って全体としてのまとまりは「偶然」の所産であるが、しかもそのために全体はかえって豊富となり、一人の作者に期待し得ぬような曲折を生ずるのである。しかしながら「偶然」がどうして芸術的な統一を作り出し得るであろうか。ここでも答えは気合いである。しかも人格的な気合いである。一座の人々の気が合うことなしには連句の優れたまとまりは得られない。人々はその個性の特殊性をそのままにしつつ製作において気を合わせ、互いの心の交響・呼応のうちにおのおのの体験を表現する。（和辻 1993: 226-227頁）

ここには、連句の会で句を作る作者たちの芸術空間が開かれている。各作者は言わばモナドロジー的に「その間に微妙な˙つ˙な˙が˙り˙」を持ち、相互に他と気が合うと感じつつ自らの創造性を発揮することができる。作者は人生の「おのおのの体験」をこの一時成立した芸術空間において表現するのであるが、もう一歩踏み込んで考えるなら、その根柢には作者それぞれが生きてきた人生の体験がある。それをいかに自覚的に深く生きてきたかは、「気合い」のために問われてよいのではないか。各人生の深まりは「気合い」により優れた充実性をもたらし、さらに連句全体の完成度を増すことにもなる、このように言えるのではないか。

第 2 節　「芸術の風土的性格」

　和辻は「全体としてのまとまりは「偶然」の所産」であると述べている。九鬼周造の「偶然性の哲学」を参照するなら、自覚的に深く生きるとは、予定通りに必然の道を歩むことを意味するのではない。「偶然」とはむしろ予測不可能のことだ。個々の作者は、連句の会においてそれぞれ独立に句を作りながらも、「気合い」により他の作者と協働調和することができる。そこにおいて、偶然は予期せぬ見事な芸術を生み出すのである。

　また、「間柄」は「行為的連関」であるという観点から、連句の各作者は「間柄における働き合い」としての主体である。そして連句の作者のあり方は、既に提起した間柄主体としての個人主体の個性、独自性の問題に対して、説明を補足することになる。

能面
　「非-自然」の芸術のもう一つの例を、和辻のエッセー「面とペルソナ」（1935 年）、「能面の様式」（1936 年）の中に探ってみよう。能の舞台で使われる代表的な面、「小面」（女面）は、普通、無表情である。能の舞台を実際に鑑賞した執筆者自身、シーンによって無表情の能面の表情が変わるのを見た経験がある。和辻は「面とペルソナ」で述べている。能面からは人らしさが徹底的に抜き去られているが、しかし面をかけた役者が「動く肢体」を得ると、「表情を抜き去ってあるはずの能面が実に豊富きわまりのない表情を示し始めるのである」。（和辻 1995: 25 頁）

　和辻は、伎楽面が「一定の表情の思い切った類型化」を試みているのに対し、能面は「積極的な表情を注意深く拭い去ったもの」だという違いに関心を向ける（和辻 1995: 23 頁）。「能面の様式」によれば、その技巧は、「自然的な生の動きを外に押し出したもの」の表現ではなく、逆にそのような「表情を殺す」こと、あるいは「自然性の否定」である。この技巧は、能の様式は「自然的な肉体の動きを消し去った」所作に基づくのであるが、これに従うものである。能では、役者の身体の「有機的な動き方を機械的

な動き方に変質」させる。しかしこの自然の否定は、「かえって人間の自然を鋭く表現する」ためであると、和辻はここでも「非‒自然」を強調する（和辻 1995: 31-33 頁）。

　表現するために表現を否定するという能面の矛盾的な表現性は、いかにして生れたのか。その特殊な表現的技巧の思想については、能楽研究者、野上豊一郎（1883-1950）の考察を参照する。野上によれば、面作者の苦心は、利那的に強烈な感情をも表わすことが可能であるが「常態としては無表情に近い表情に安定」させる面を作ることにある。十分な表現能力を蓄積する表情、「喜悦にも悲哀にも、快活にも憂鬱にも、いずれにも変り得る」表情の面である。野上はこれを「中間的表現」と呼んでいる（野上 2009: 271 頁）。

　次の問題は、シテ方の立場からの、つまり面の内側からの演技の現実についてである。能楽師、観世寿夫（1925-1978）は、能面は単なる役者の扮装の道具ではないと見なす。観世において、演技と役者と面との関係性は、役者の内面性の追求という観点から説明されるが、より根本的には「演ずる側と観る側とが一体となってひとつの世界を形づくる」能の世界観に基づくのだという（観世 1981: 253-257 頁）。

　能の関係性の世界には、さらに多くの者が参加する。面をつけて演じる役者とその役者と面を鑑賞する者だけではない。面を作る芸術家、さらには面について批評する批評家などなどである。役者と能面には複数の関係性、つまり「間柄」を認めることができる。「役者、能面作家、能面という物、観客、舞台……」などの演劇的環境における共同の演出、「気合い」による参加者の協働調和が認められる。「行為的連関」の観点からは、面をつけた役者は、面との「間柄における働き合い」の主体となる。また演技とそれを鑑賞する間柄的主体という点に目を向ければ、人間の内面という自然を表現するために、役者の身体的演技も能面の作りも、非‒自然化されているのだと言えよう。

おわりに

　最後に「風土」論研究の展望を示したい。本章の考察から次のようなことが明らかになった。「風土」論をよりダイナミックな芸術の創造的関係性の構造論へと展開することは、十分に可能である。看護によって非-自然を作り、自然を維持する。この考えは、繰り返される自然災害による生活圏の破壊や地球環境の修復不可能な変化の危機に直面している我々にとって、重要な導きとなるだろう。風土としての看護的自然は、より広く応用される必要がある。風土的芸術から風土的災害の芸術の問題へと視野を広げ、この看護による非-自然化の発想を生かすことを提案し、本章を閉じることにする。

註
1) ユクスキュールの Umwelt は「環世界」と一般に訳される。
2) 和辻哲郎「風土」『思想』、1929 年 4 月 1 日（和辻 1992a: 395 頁）。
3) 1929 年の執筆。初出は「『ところ』によって異なる芸術の特殊性」（岩波講座「世界思潮」1928 年）。『風土』（全集版）の谷川徹三の「解説」を参照。

参考文献
石塚正英・柴田隆行監修 2004『哲学・思想翻訳語事典』論創社（初版第 2 刷）
観世寿夫 1981『観世寿夫著作集二　仮面の演技』平凡社
新村出編 2008『広辞苑』第六版　岩波書店
藤堂明保編 1997『学研漢和大字典』学習研究社
野上豊一郎 2009『能とは何か　上・入門編』書肆心水
湯浅泰雄 1992「解説」『和辻哲郎全集』別巻 1　岩波書店
米谷匡史 2000「解説」『京都哲学撰第 8 巻　和辻哲郎　人間存在の倫理学』燈影舎
和辻哲郎 1992a『和辻哲郎全集』別巻 1　岩波書店
和辻哲郎 1992b『和辻哲郎全集』別巻 2　岩波書店
和辻哲郎 1993『風土―人間学的考察』岩波文庫
和辻哲郎 1995『和辻哲郎随筆集』岩波文庫
和辻哲郎 2017『人間の学としての倫理学』岩波文庫（第 11 刷発行）

第 6 章

大地が揺れると思想が変わる
――リスボン大地震と関東大震災をめぐる思想的地殻変動――

加 藤 泰 史

はじめに――リスボン大地震をめぐる哲学者の反応――

　1755年11月1日の万聖節というキリスト教にとってきわめて重要な祭日にリスボンで大地震が起こったが、それに対して同時代の哲学者たちはさまざまな反応を示した。例えばヴォルテールは、リスボン大地震の悲惨なニュースに接して『リスボンの大震災に関する詩編、または《すべては善である》という公理の検討』(1756)を公表し、ライプニッツやポープのオプティミズムはこの現実世界に満ちあふれている悪や不幸の存在を隠蔽する欺瞞的イデオロギーにすぎないと揶揄するとともに、当時のオプティミズムの擁護者が唱える天罰論を、悪や不幸がもたらす理不尽な厄災をも合理化しようとする態度として痛烈に批判した。

　それはさらにルソーの反応を引き出す。ルソーは『ヴォルテール氏への手紙』(1756)でヴォルテールを批判して、「リスボンに関するあなたの主題から離れずに言えば、自然の方からすれば、何もそこに六階や七階建ての家を二万軒も集合させることは全くなかったことを考えてください。そしてこの大都市の住民が実際にそうであったよりも平均して散らばって、一層身軽に住んでいたとしたら、損害ははるかに少なかったであろうし、全くなかったかもしれないことも考えてみてください」[1])と述べる。ルソーにとってこの現実世界の悪は人間みずからがつくり出したものにほかならない。したがって、悪や不幸の原因を人間自身に帰することで、ル

ソーは「自然の善性」を擁護すると同時に、そこから本来の文明批判を展開してゆくわけである。

しかしながら、ヴォルテールは『カンディード』（1758）でオプティミズムを再び批判的に取り上げる。「すべては善である」どころか「すべては最善の状態にある」と言うべきだとするオプティミストの哲学者パングロスは、いかなる悲惨な経験をへてもこの現実世界を滑稽なほどに肯定し続けた。このパングロスを師としてその主張を無邪気に信じるカンディードは、しかし、同じような悲惨な経験を被ることでとうとう最後には、パングロスに対して、「お説ごもっともです」としながらも、「しかし、ぼくたちの庭を耕さなければなりません」とその言葉をさえぎるにいたる[2]。ここにはヴォルテールのオプティミズム批判とそれを支える啓蒙主義観が凝縮されている。すなわち、『詩編』では大厄災を前にしてただ泣くことだけが人間的だとしていたのに対して、カンディードの示した「勇気」はむしろ「人間の有限性を受け入れ、その無知を認め、運命の残酷な偶然性をその目で見据える」[3]ことでオプティミズムを主体的に克服する可能性をさえ含意し、この点でヴォルテールは啓蒙主義の新たな捉え直しを示唆する。つまり、現実の悪や不幸をあくまでも合理化しようと続けるパングロスの存在はまた、カンディードにとっては後見人を意味する。オプティミズムを堅持するこの後見人のもとで、カンディードは自分自身では何も判断しないように教えられてきたが、この「庭の教訓」はそうした後見人の庇護のもとからの離脱を暗示する。カンディードは自ら判断しようと決意したわけである。のちの批判期（1770年以後）のカントの言葉を借りれば、「啓蒙とは人間が自ら招いた被後見人状態から抜け出ることである」（AA VIII, 35／一四、25）ということになろう。その意味で「庭の教訓」は批判期カントの啓蒙主義に通底する。あるいは『カンディード』はむしろ、それを準備したとも言えよう。批判期への助走とも言える時期にカントが『視霊者の夢』（1766）の末尾でこの「庭の教訓」を引用してそれに

対する共感を示した所以でもあろう（vgl. AA II, 373／三、313）。

　こうしてリスボン大地震は、哲学的にはオプティミズムに対する批判を引き起こして当時の思想状況に大きな地殻変動をもたらした。そのためにその思想内容も最善説から楽観主義ないし楽天主義という意味に貶められてゆく。しかし前批判期（1770 年以前）の若きカントはまた 1756 年に、『地震原因論』・『地震の歴史と博物誌』・『地震再考』といった地震論三編を執筆し、さらには『オプティミズム試論』を 1759 年に書き上げる。地震論は近代地震学の確立にも寄与したが、ゲーテやクライストにも影響を与えた。他方でこの時期のカントのオプティミズム理解は、悪の合理化というライプニッツ的枠組ではなく、人間中心主義と非人間中心主義という観点の二重化という新しい枠組を示す。リスボン大地震の問題もこの枠組で論じられることになるが、それは現代の「自然倫理学」構想にも通底する「穏健な自然中心主義」という論点にほかならない。『天界の一般自然史と理論』（1755）でカントは、「万物の性質の源泉は唯一の最高の知性なのだから、万物にあっては相互関係と調和しか見られない。……もし以上のことを考慮するならば、自然はわれわれに対して、通常そう思われている以上に尊厳を持って現出するだろう……」（AA I, 332／二、135）というように、「自然の尊厳」ともいうべき論点を提示するが、これも観点の二重化によって初めて可能になる主張と言えよう。この主張はもっと注目されてよい。

　本章ではまず災害学の観点からカントの地震論を中心に論じた上で、思想的地殻変動に関してその帰趨をクライストの『チリの地震』（1810）に見定めてみたい。リスボン大地震はキリスト教信仰そのものに対する懐疑をもたらすことになる。これをゲーテは示唆してクライストは小説化したわけである。さらに後半では関東大震災がもたらした思想的地殻変動に関して寺田寅彦の風土論を取り上げてみる。というのも、災害学の観点からすると、寺田と前批判期カントとの間には興味深い連続性も指摘できると

ともに、地震をめぐる両者の議論はともに西洋近代科学に対する根本的批判を含むからである。地震論でカントは、自然固有の秩序を配慮することを通して予防措置を講じることが災害に対して合理的な防災だと主張した。この論点は「人間は自然に順応することを学ばなければならないのに、自然が人間に順応してくれるように望んでいる」(AA I, 456/一、318f.) とテーゼ化されるが、災害学的には重要な意味を持つ。ペルーやチリは「自然に順応すること」を学んだ防災対策を施して地震の災害の最小化をはかっているのに対して、リスボンは「人間に順応する」ことを自然に強要することでむしろ自然から大きなしっぺ返しをくらって災害を最大化してしまったわけである。それゆえに、自然科学を防災政策に工学的に応用する場合にその土地の自然的条件を顧慮しなければ有効な防災政策は提供できないことを、前批判期カントはこうしたテーゼとして明示したと言えよう。しかしカントは、これ以上に展開しなかった。むしろそれを「相地の学」として具体化して新たな災害学の地平を切り開こうとしたのが寺田寅彦の風土論であったのであり、この構想は現代で再び注目されてよいのではないかと思う。

第 1 節　若きカントの地震論とその帰趨

　カントはまず地震論三編でもってリスボン大地震に自然科学的に応答する。最初の地震論は『地震原因論』(1756) であり、その特徴的論点は以下のようにまとめられよう。

(A) 地震の原因をレムリ説にしたがって鉄と硫黄と水との化学反応に求める科学的分析や地震の予兆や津波に関する分析 (vgl. AA I, 423f./一、279f.) がまずあげられる。
(B) 次に、「恐怖心は人々から考える力を奪うから、人々はこのような広

範に及ぶ災厄に際して、当然人々が自衛して然るべき災害とは全く別の種類の災害に遭遇しているものと思い込み、運命の過酷さを神の興不興にひたすら身をゆだね、盲目的に服従することで和らげようなどと考えている」(AA I, 421/一、277) という天罰論に対する批判である。

(C)「……家を二階建てで建てる場合、石組みにするのは一階だけで、二階は下敷きになって死なないようにアシや軽い木材で造るという用心が見られる」(AA I, 421f./一、277f.) ようなペルーやチリと比較して、「このような恐るべき出来事に際していくらか自衛することが人間に許されているならば……、リスボンの不運な廃墟は、地震が通常生じざるをえない方向と同方向に流れる河に沿って都市を建設することに懸念を抱かせはしないであろうか。……とどのつまり、リスボンの不運はタホ河の岸沿いにあったというその位置のせいで増大したように思われる」(AA I, 420f./一、277) といった地震に対するリスボンの防災政策がまったく不十分であったことの指摘である。

第二論文の『地震の歴史と博物誌』(1756) は、第一論文の (A) の地震に関する自然科学的分析をさらに多角的に詳述すると同時に、(B) および (C) の論点に関してより詳しく反復しながら、新たな論点も展開している。それを以下で三点に絞って析出する。

(D)「地震の原因は、一方で人間にいったん損害と思わせたりするにせよ、他方でそのことを人間のために容易に利益で埋め合わせることができる」(AA I, 456/一、319) というように、地震を引き起こして災害をもたらす同じ原因が他方では温泉や鉱石層の形成やさらに植物への栄養供給などの「有用性」ないし「効用」をもたらすとする地震の原因の両義性である。この両義性はカント的に再解釈されたオプティミズムの人間中心主義と非人間中心主義という二重化された観点に基づく。これは、前

述したテーゼに含意される人間と自然との対等な関係の地平を切り開くと同時に、天罰論解釈にも変化をもたらす。第二論文でカントは、天罰論を「人間は神の配在の唯一の目的だとうぬぼれている」（AA I, 460／一、323）といった人間中心主義そのものであると見なした。天罰論批判は同時に人間中心主義批判でもあることになり、これは天罰論を悪の合理化と見なして退けるのではなく、天罰論批判の焦点はむしろ自然を従属的に捉えるという偏向した観点に見定められることになる。それはまた同時に、西洋科学技術に対する内在的批判を含意する。ただし、カント自身はこれ以後批判期に移行してもこの論点を具体化しなかった。後述するように、この課題に取り組んだのが寺田寅彦にほかならない。

(E) カントは、天災によって不幸になった人たちを目のあたりにすると、人間愛が生き生きと目覚めてくるはずだと主張した（vgl. AA I, 459／一、323）。この「人間愛」論はレベッカ・ソルニットのいう「災害ユートピア」の先駆的主張と位置づけられよう。

(F) 「戦争の悲惨」という人災は地震などの自然災害よりも深刻だとして、民衆を世界の悲惨から救おうとする政治的指導者の重要性を強調する（vgl. AA I, 461／一、325）。

以上が第二論文の要点である。これに対して第三論文の『地震再考』（1756）には、新たな論点は特に見出せない。

こうしたカントの地震論はカントの名声が上がるにつれて若い世代にも影響を与えてゆく。まずはゲーテである。ゲーテは『詩と真実』第一部（1811）で当時6歳の時に経験したリスボン大地震に言及する。こうした記述にはいくつかの温泉地で温泉の湧出が止まったことも含まれるが、これはカントを踏まえた記述であろう。しかしゲーテにあって注目すべきなのは第一に、「……哲学者は慰めとなるような理由を、僧侶は訓戒を述べたてた」[4]というように、前述した哲学者の論争と聖職者の天罰論を踏ま

第 1 節　若きカントの地震論とその帰趨

えている点であり、第二にこれらとの関連で、「このすべてをくりかえし聞かされた少年の心は、少なからずゆるがされた。信仰箇条の第一条の説明によって、賢明で慈悲ぶかいものと教えられてきた天地の創造者にして保持者たる神が、正しい者も不正な者もひとしく破滅の淵に投じることによって、万物の父たる実を示さなかったのである。少年の心は、これらの印象から容易に立ち直ることができなかった」[5]と信仰の危機を吐露している点である。少年ゲーテにとってさえ天罰論はもはや受け容れがたく、それは一般信者に責任転嫁する聖職者の欺瞞にすぎないとしてむしろ信仰そのものの危機に直結したわけである。

　こうしたゲーテの危機は実際にはオプティミズム以上に大きな思想的地殻変動を示唆していた。それを小説化したのがクライストの『チリの地震』（1807）にほかならない。あらすじはこうである。貴族の娘のジョゼフェは、家庭教師のジェローニモと愛し合うようになるが、父親は身分の違いを理由にそれを許さず、ジョゼフェを修道院に入れる。しかし、二人は逢瀬を重ね、やがてジョゼフェは妊娠し、それが聖体の日の行進の時に発覚してしまう。二人は投獄されてジョゼフェは裁判で死刑判決を受ける。絶望したジェローニモは首を括って自殺しようとするが、ちょうどその時に大地震が起き、二人は解放される。やがて二人は荒廃した街で偶然出会い、避難民の家族に温かく受け入れられる。身分や貧富の差を超えた助け合いの災害ユートピアが発生したのである。二人は神に感謝して教会のミサに参加するが、聖職者は説教で、この地震は道徳的堕落に対する神の怒りであるという天罰論を述べる。それがミサの聴衆に火をつけ、怒り狂った彼らは罪のない二人を撲殺してしまう。本来は社会的弱者を救済するはずの信仰が天罰論を通して自己矛盾をきたして弱者を暴力的に排除してしまったわけである。天罰論によって地震の自然的暴力が精神的暴力に転換したのであり、それは信仰の自己崩壊であって自己解体でもある。また小説の舞台がチリであることはカントの地震論でチリに言及されていたこと

に符合するが、それを含めてクライストは、カントの地震論を踏まえていることは明らかであろう[6]。リスボン大地震がもたらした思想的地殻変動はここに行き着いたことになる。ちなみに芥川龍之介は『大震雑記』で、関東大震災直後の出来事を記述する中でクライストのこの小説に言及している[7]。

リスボン大地震の余震はここまでたどり着く。次に関東大震災をめぐる動向を考察してみたい。

第2節　関東大震災と寺田寅彦の風土論

関東大震災に関連して寺田寅彦は矢継ぎ早にいくつかの小論文や随筆を残したが[8]、まず『流言蜚語』(1924)で寺田は、朝鮮人虐殺の原因となった「流言蜚語」を科学的常識によって抑えることおよび防災教育における科学的知識の重要性を強調した(『流言蜚語』、二/433 を参照のこと)。この『流言蜚語』を嚆矢として寺田は、『地震雑感』(1924)、『津浪と人間』(1933)、『天災と国防』(1934)、『災難雑考』(1935)、『日本人の自然観』(1935)などの災害学関連の論考を公表してゆく。ここでは特に『天災と国防』と『日本人の自然観』を中心に考察したい。その際に注目しておきたいのはカントの地震論と共通した論点が意外にも多いという事実である。それは、寺田もカントを直接読んでいたのではないかと推測できるほどである。寺田の随筆にはカントは度々登場しており、少なくとも寺田がアーレニウスの『史的に見たる科学的宇宙観の変遷』([17]1987/1931)の翻訳に携わったことでその中で言及されている前批判期カントの議論(主に『天界の一般自然史と理論』)に関して熟知していたはずであり、この頃こそカントが地震論を書き上げた時期であることを考慮すると、カントの地震論との何らかの接点を想定したくなる[9]。例えば『天災と国防』では、表題通り自然災害と戦争を並列的に論じた上で寺田は、「戦争はぜひとも避けよ

うと思えば人間の力で避けられなくはないであろうが、天災ばかりは科学の力でもその来襲を中止させるわけにはいかない」(『天災と国防』、五/185)と指摘するが、これはカントの (F) の戦争批判の論点と共鳴しよう。以下ではより災害学に関連した寺田の論点をいくつか析出すると同時に、その都度カントとの接点に関しても指摘してみたい。

(ア)『天災と国防』と『日本人の自然観』の両方で強調されているのは、人間と自然との関係性である。例えば、『天災と国防』ではこう述べられている。

> しかしここで一つ考えなければならないことで、しかもいつも忘れられがちな重大な要項がある。それは、文明が進めば進むほど天然の暴威による災害がその劇烈の度を増すという事実である。/……もう少し文化が進んで小屋を作るようになっても、テントか掘っ立て小屋のようなものであってみれば、地震にはかえって絶対安全であり、またたとえ風に飛ばされてしまっても復旧ははなはだ容易である。とにかくこういう時代には、人間は極端に自然に従順であって、自然に逆らうような大それた企ては何もしなかったからよかったのである(『天災と国防』、五/178 以下)。

すなわち、寺田によれば、人間と自然とは有機的に合一した関係にあり人間はもともと自然に従順であったにもかかわらず、それが文明が進むにつれて両者を対立的に考えるようになったのであり、「これが現代の科学的方法の長所であると同時に短所である」(『日本人の自然観』、五/570 以下)のである。この場合に「長所」とは「地震の現象」(『災難雑考』、五/462)を科学的に分析する点にあり、他方で「短所」は「地震による災害」(『災難雑考』、五/462)に関わることになろう。とはいえ、この「短所」が災害

において顕著に現れるのはなぜなのか。それはまず、科学が人間と自然とを二項対立的に主観と客観として理解すると同時に、後者を克服する対象とも捉えるからである。このときすでに、人間は自然の一部とは見なされておらず、当然のことながら人間は自然に従順でもない。科学が発達していなかった時代は、「……過去の経験を大切に保存し蓄積してその教えに頼ることがはなはだ忠実であった」（『天災と国防』、五/182）のであり、過去の経験を尊重してそれに学ぶという仕方で人間は自然に従順であったわけである。むしろ文明化の過程の中で過去の経験に取って代わって科学的知見を重視することで、人間は自然に反逆してそれを克服しようとした。しかし関東大震災が示したのは、「過去の地震や風害に堪えたような場所にのみ集落を保存し、時の試練に堪えたような建築様式のみを墨守してきた。そうだからそうした経験に従って造られたものは関東震災でも多くは助かっているのである」（『天災と国防』、五/182）、あるいは「……二十世紀の文明という空虚な名をたのんで、安政の昔の経験を馬鹿にした東京は大正十二年の地震で焼き払われたのである」（『津浪と人間』、四/187）という事実であった。

　こうした論点はカントに通底する。カントの場合もタホ河沿いの建築物とかチリやペルーとかへの言及は科学理論の工学的応用に関連するからである。この地点からカントは、いわば西洋近代科学（特にその応用）に関する内在的批判の観点を提起したが、寺田はそこからさらに考察の歩みを進める。つまり、「科学が今日のように発達したのは過去の伝統の基礎の上に時代時代の経験を丹念に克明に築き上げた結果である」（『津浪と人間』、四/187）というように、西洋科学、すなわち寺田のいう「分析科学」（『日本人の自然観』、五/600）も西洋の過去の経験に基づいて構築されているので、それはそれで（カントに言わせれば不十分ながら）西洋の風土あるいは「風土的な試煉」（『日本人の自然観』、五/595）が考慮されているのである。このことを寺田はドイツ留学時の経験からも確認している（『颱風雑俎』、

五/269を参照)。

　このように「分析科学」も西洋の風土的条件を繰り込んで形成されてきた以上、すでに文化的に条件づけられており、その意味で「分析科学」が普遍的であるということは直ちに自明であるというわけではないことになる。これを踏まえた上で問題は、文化的に特殊的であるにすぎない「分析科学」を無批判的に日本の風土に工学的に応用した点に求められる。寺田は次のようにこの問題を指摘する。

> ……工事に関する技術者が我が邦特有の気象に関する深い知識を欠き、通りいっぺんの西洋直伝の風圧計算のみをたよりにしたためもあるのではないかと想像される。/これについてははなはだ僭越ながらこの際一般工学者の謙虚な反省を促したいと思う次第である。天然を相手にする工事では西洋の工学のみにたよることはできないのではないかというのが自分の年来の疑いであるからである(『天災と国防』、五/183以下)。

すなわち、「分析科学」自体がその理論を工学的に応用する場合に「我が邦特有の気象に関する深い知識」、換言すれば、風土的知識が必要なのである。それが「分析科学」盲信に対する根本的批判を含む寺田的風土論であり、「相地術」(『颱風雑俎』、五/269)ないし「相地の学」(『日本人の自然観』、五/583)の再評価にもつながる。寺田は「分析科学」によって分断された人間と自然との関係を、「相地の学」の観点から修復することで、「地震による災害」に即して現れる「分析科学」の「短所」を克服できると考えた。これはカント的論点の具体的展開と評価できよう。

(イ)寺田寅彦が重視する「相地の学」とは具体的にどのような学問なのであろうか。「相地」は陰陽道に関連する「風水」のことであり、風水

判断が動機であったにしても、地相占いに関わる地理的知識のことであって、方位測定法や土地測量術に関わり、いわゆる「風水科学」の一端を占める。おそらく寺田はこうした内容を知悉した上で次のように述べたのであろう。

> 例えば、昔の日本人が集落を作り架構を施すにはまず地を相することを知っていた。西欧科学を輸入した現代日本人は西洋と日本とで自然の環境に著しい相違のあることを無視し、したがって伝来の相地の学を蔑視して建てるべからざるところに人工を建設した。そうして克服しえたつもりの自然の厳父のふるった鞭のひと打ちで、その建築物が実に意気地もなく壊滅する、それを眼前に見ながら自己の錯誤を悟らないでいる、といった場合が近ごろ頻繁に起こるように思われる（『日本人の自然観』、五/583）。

「相地の学」とは人相ならぬ「地相」の良し悪しを判断するための伝統的知識、すなわち「自然に順応するための経験的知識」（『日本人の自然観』、五/583）である。寺田にあって「相地の学」を重視することは取り敢えずは「日本の自然の特異性」（『日本人の自然観』、五/583）に焦点を当てることになり、それは同時に「人間の力で自然を克服せんとする努力が西洋における科学の発達を促した。何故に東洋の文化国日本にどうしてそれと同じような科学が同じ歩調で進歩しなかったかという問題」（『日本人の自然観』、五/582以下）を問うことでもあるが、最終的には寺田固有のいわば〈解釈学的自然科学〉とも呼ぶべき構想にたどり着く。

　ここでまず前者の問題に関して言えば、「分析科学」が日本で進歩しなかった理由は「日本の自然の特異性」に求められるが、それはどこに認められるのか。寺田はそれを大きく二点示す。一つは「日本の気候には大陸的要素と海洋的要素が複雑に交錯しており、また時間的にも、週期的季節

的循環のほかに不規則で急激活発な交代が見られる」というように気候的要素であり、これは「温帯の中でも全く独自なものである」と位置づけられる（『日本人の自然観』、五/575 頁を参照）。もう一つは「地震ならびに火山の現象」に関連する「地形的地理的要素」であって、これは「モザイック（ママ）」的と特徴づけられている（『日本人の自然観』、五/576 を参照のこと）。つまり、日本の「モザイック（ママ）」的地殻構造が日本固有の「モザイック（ママ）」的景観を可能にするわけである。両者を一言で要約すれば、「気候風土の環境の多様性」ということになろう。こうした「多様性」が理由で「分析科学」の展開が日本では阻害され、他方で「相地の学」はこの「多様性」に即して知識を集積してきたのであるが、これを寺田寅彦は災害に関連した工学的応用だけに限定するのではなく、むしろさらに風土的要素を自然科学の構造に解釈学的に取り込むことで、西洋的な「分析科学」とは異なった日本的な自然科学を構想するわけである。この〈解釈学的自然科学〉の構想によれば、西洋的な「分析科学」は単調な風土的要素に基づいて形成された西洋的な自然科学にすぎないことになる。自然科学の文化類型論であり、寺田寅彦的風土論にほかならない。この風土論は、しかしながら、異なった風土文化に基づく「合理性」（『日本人の自然観』、五/600）といった〈風土的合理性〉を強調する限りでは〈解釈学的自然科学〉として興味深い構想だと言えるが、偏狭なナショナリズムに陥るリスクも抱えるであろう（『日本人の自然観』、五/582 を参照のこと）。

　とはいえ寺田は、必ずしも排外主義的であるわけではない。外来思想である「仏教」（『日本人の自然観』、五/599）とか中国から伝来した「糞」（『日本人の自然観』、五/592）などが土着化したというように、〈風土的合理性〉は外来のものが「土着化」する可能性の条件でもある。かえって西洋由来の「分析科学」もこうした〈風土的合理性〉を通して「土着化」が試されることになる。すなわち、「コンクリート造りといえども永い将来の間にまだ幾多の風土的な試練を経た上で、はじめてこの国土に根を下ろすこと

になるであろう。試験はこれからである」(『日本人の自然観』、五/595)。寺田のいう「風土的な試練」に耐えていずれ「試験」に合格すれば、「コンクリート造り」を推進する「分析科学」も日本で「土着化」できる可能性に開かれており、この意味で〈解釈学的自然科学〉は異文化にもつねに開放的である。言うまでもなく、このとき「土着化」に重要なのは、カントのいう「人間は自然に順応することを学ばねばならない」という観点であり、より寺田の議論に即してこれを言い換えれば、「分析科学」は日本固有の〈風土的合理性〉を組み込んで変容しなければならないと同時に、現在の「相地の学」はそうした〈風土的合理性〉を「「発見」し「証明」する役目」(『日本人の自然観』、五/600)も担うことになろう。災害学という観点からすると、こうした寺田の問題意識が現代日本でどの程度継承されているのか、それをもう一度検討してみる必要はあるのではなかろうか。

おわりに──寺田寅彦の風土論と和辻哲郎の風土論との差異──

これまで考察してきたように、自然の大厄災はときに物理的で自然的な影響ばかりでなく、さらに精神的な地殻変動も引き起こしてきた。リスボン大地震の場合にはキリスト教信仰そのものの危機を招き、関東大震災の時には風土論という日本独自の学問が立ち上がった。しかし現在、特に国際的には風土論と言えば、和辻哲郎のそれを示す場合がほとんどであり、寺田寅彦の構想は忘れ去られているのが実情である。寺田は和辻の風土論から影響を受けたと率直に告白しているが(『日本人の自然観』、五/608 を参照のこと)、最後に両者の差異を二点のみ指摘しておきたい。

まず寺田も和辻もともに人間と自然との有機的関係を析出しようと試みたという点では共通する。しかし寺田の場合は、自然科学の構造そのものに解釈学的循環を認めて風土的条件あるいは〈風土的合理性〉の次元を自然科学に組み込んだ上で、それに人間と自然との有機的関係が重ね書きさ

れているが、それに対して和辻は人間存在そのものの自己了解の構造に解釈学的循環を確認してそこに「風土」の成立を見て取ろうとするので、自然科学それ自体の内的構造の問題は主題化されることはない。和辻の場合に自然科学はそもそも人間と自然を二元論的で二項対立的に捉える学問と理解されており、寺田の構想するような〈解釈学的自然科学〉の可能性は検討されていないからである。

もう一つは、山折哲雄も指摘するように[10]、和辻が日本的風土の台風的性格に関しては言及するものの、地震的性格を取り上げていない点である。これは日本的風土の季節性と突発性の二重性という和辻的枠組に地震的性格が図式的にうまくおさまらないからであろう[11]。

以上のように、関東大震災はこれら日本独自の風土論を思想的に生み落としたことになる。とりわけ寺田寅彦の場合は、カントの災害学的な論点も具体的に継承していると解釈できるのでなおさら興味深く、現在では風土論というと和辻哲郎の名前と紐づけられているが、寺田の風土論はもっと注目されてもよいであろう。なお、両者の風土論の差異に関するより詳細な考察は別稿に譲りたい。

凡例

　カントからの引用はアカデミー版に基づき、訳文は岩波版『カント全集』（全23巻、岩波書店、1999-2006年）を使用して巻数を漢数字で頁数をアラビア数字で文中に示した。ただし、一部訳文と訳語は変更した。

　寺田寅彦からの引用は、『寺田寅彦　全随筆』（全6巻、岩波書店、1991-92年）に基づき、巻数を漢数字で頁数をアラビア数字で文中に示した。

　和辻哲郎からの引用は、『和辻哲郎全集』（全20巻、岩波書店、^{2}1976-78年）に基づき、巻数を漢数字で頁数をアラビア数字で示す。なお、書名と論文名も付記した。

　また、ヴォルテールの『詩篇』からの引用はデュピュイ（2011）に基づく。

註

1)　ルソー（1979）、14頁。
2)　ヴォルテール（2005）、459頁を参照のこと。

第6章　大地が揺れると思想が変わる（加藤泰史）

3）デュピュイ（2011）、52頁。
4）ゲーテ（1997）、49頁。
5）ゲーテ（1997）、50頁。
6）福迫（1978）、377頁を参照のこと。
7）芥川（1996）、144頁を参照のこと。
8）その評価に関しては、吉村（2023）、336頁を参照のこと。
9）寺田は漱石門下であるが、同門には安倍能成、阿部次郎、和辻哲郎などのカントに詳しい哲学者たちもいたので、カントに関する知識はこれらの漱石門下生からも得ていた可能性はあろう。
10）山折（2024）、155頁を参照のこと。
11）日本的風土の台風的性格や季節性と突発性の二重性に関しては、『風土』、八/134頁以下を参照のこと。なお、和辻自身は『地異印象記』（1923）で、「安政の大地震」の経験や災害ユートピア的な「相互扶助な本能」の始動、さらに「放火の流言」も取り上げて考察した上で、「……日本全体の社会的大地震の惨害に対してこそ、我々は相互扶助の精神に基づく最善の予防法を講ずべきである」（『地異印象記』、二〇/606）と提言している。この点に関しては、関西学院大学の山泰幸教授よりご教示を得た。それを記して感謝の意を表したい。

参考文献

芥川龍之介 1996「大震雑記」『芥川龍之介全集』第10巻、岩波書店
ヴォルテール（植田祐次訳）2005『カンディード』岩波文庫
クライスト、ハインリッヒ・フォン（種村季弘訳）2011『チリの地震』河出文庫
ゲーテ、ヨハン・ヴォルフガング・フォン（山崎章甫訳）1997『詩と真実』第一部、岩波文庫
デュピュイ、ジャン-ピエール（嶋崎正樹訳）2011『ツナミの小形而上学』岩波書店
福迫佑治 1978『クライスト』三修社
ルソー、ジャン＝ジャック（浜名優美他訳）1979『ルソー全集』第5巻、白水社
山折哲雄 2024「解説」寺田寅彦著・山折哲雄編『天災と日本人』角川ソフィア文庫（第14版）
吉村昭 2023『関東大震災』文春文庫（第22版）

第 7 章

防災と風土の哲学
――和辻哲郎の風土論を手掛かりにして――

山 　 泰 幸

は じ め に

　桜島の大正大噴火（1914年1月12日）から110年以上が経過し、近い将来、再び大噴火が起きることが予測されている。筆者は、京都大学の大西正光をリーダーとする桜島の大噴火に備えた防災プロジェクトの一環として、数年にわたり、鹿児島市市街地の住民が事前に広域避難の準備を進めるためのワークショップの運営に関わってきた（詳細については、本書第10章を参照）。

　ワークショップに参加しながら、筆者が関心を持ったのは、大噴火によって軽石火山灰が市内の広範囲に大量降下した場合には、インフラが被害を受け生活も困難となり、さらに交通機関が麻痺し、避難もままならず、救援の手も届かなくなるという、専門家の説明を聞いても、ワークショップに参加した住民の多くは、広域避難を選ばず、自宅避難、すなわち「籠城」を選ぶということであった。「籠城」を選択する理由としては、たとえば自宅に介護の必要な高齢者を抱えており、避難することも負担が大きく、避難先での生活も困難が予想されるなど、参加者それぞれにも個別の理由があるからと考えられる。また、災害心理学者が言うような、「正常性バイアス」も働いているのかもしれない（広瀬2004）。あるいは、「災害は天災だから、起こったときにはあきらめるしかない」とか、「災害で死ぬのは運命だから仕方がない」といった意識があるからかもしれない（廣

井 1995)。しかし、筆者が感じていたのは、住民が前提としている防災観が、火山噴火に備えるうえで必要な防災観とは異なっているのではないか、ということであった。

　自然災害の内容は多様である。台風、豪雨、豪雪などの季節に応じて周期的に発生するものと、地震、津波、火山噴火などの突発性が高く、低頻度ではあるが甚大な被害を及ぼすものがある。近年は、ゲリラ豪雨や集中豪雨による被害も増えている。しかし、日本列島においては、特に西日本では、自然災害を代表するものは、台風であろう。地震や津波、火山噴火の経験がない者でも、多くの場合、台風の経験はあると思われる。九州南部の鹿児島であれば、台風がどのようなものであるのかについて、その知識や経験は広く共有されているに違いない。日本列島に暮らす人々の基本的な防災観は台風に備えることを前提にして形成されいるのではないかと思われるのである。そこで思い出されるのは、和辻哲郎（1889–1960）の著作『風土』（1935）である。

　『風土』は、ヨーロッパ留学から帰国した和辻が、昭和3年（1928年）から4年（1929年）にかけておこなった大学の講義にもとづいて書かれたものとされ、その序において和辻自身が述べているように、ハイデガーの『存在と時間』に触発をされた和辻が、ハイデガーが人間存在を時間性において捉えたのに対して、人間存在の空間性に着目して考察したものとされる。有名なモンスーン型などの風土の類型は、ヨーロッパに向かう和辻の旅の経験に基づくものとされており、和辻個人の感覚的な印象によって論じられている点に対する批判も多い。その一方で、日本人の国民性を「台風的性格」と関連付けて考察し、世界的な視野から位置づけようと試みた『風土』は、日本人論の先駆として評価されており、現在まで長く読み継がれている。また近年では、地球環境問題を解決するための発想の手掛かりとして、再評価されている。

　本章では、和辻哲郎の風土論を手掛かりにして、日本列島に暮らす人々

の基本的な防災観について、「台風的性格」との関係から検討するとともに、風土論から見える、防災の現代的課題について検討する。さらには、地域ごとの自然災害に対応するためには、日本人論としての風土論を越えて、地域ごとの風土に応じた複数の風土論、多重的な自然災害に応じた重層的風土論が求められること、さらに防災と風土の哲学の実践的な取り組みの必要性について論じる。

第1節　和辻哲郎と『風土』

　和辻の風土論を手掛かりにして、日本列島に暮らす人々の防災観を検討するにあたり、宗教学者の山折哲雄が興味深い指摘を行っているので、紹介しておきたい。東日本大震災から一か月後、山折は『西日本新聞』（2011年4月11日夕刊）において、「地震の風土と台風の風土」と題して、寺田寅彦と和辻哲郎を取り上げて論じている。

　記事の冒頭で、「私がいま思いおこしているのが寺田寅彦と和辻哲郎の仕事である。なぜかといえば、2人は日本の独自の風土を、数千年という長い単位で考えていたからである。西欧と比較して日本の自然の特質を明らかにしようとした彼らの自然観は、その後の日本人に大きな影響を与えたと思われる。ところが、自然の猛威にたいする2人の考えには大きな相違がみとめられる」と述べる。そのうえで山折は、昭和10年（1935年）前後に寺田寅彦によって書かれた「天災と国防」と「日本人の自然観」というエッセイを取り上げて、次のような点に注目する。「第一、文明が進めば進むほど天然の暴威による災害はその激烈の度を増す。第二、日本は西欧にくらべて地震、津波、台風による脅威の規模がはるかに大きい。第三、そのような経験のなかから、科学は自然にたいする反逆を断念し、自然に順応するための経験的な知識を蓄積することで形成された。そしてそこにこそ日本人の科学や学問の独自性があった」という点、さらに寺田が

「日本人の自然への随順、風土への適応という態度のなかに、仏教の無常観と通ずるものを見いだしていた」として、「地震や風水による災害をくぐりぬけることで『天然の無常』という感覚がつくりあげられた」とする寺田の主張に注目している。

　一方、和辻の『風土』を取り上げて、山折は次のような点に注目する。「日本の台風的風土の特徴は、第一に熱帯的、寒帯的（大雨と大雪）という二重性格を帯び、第二に季節的、突発的（感情の持久と激変）の二重性に規定されているという。そこから、モンスーン的、台風的風土における日本人の受容的、忍従的な生活態度が生み出された」という点、さらに「『しめやかな激情』『戦闘的な恬淡』といった逆説的な国民的性格を日本人がもつようになったのも、台風的風土の二重性に根本的な原因がある」とする和辻の主張に注目している。また、和辻が「感情の二重性格をもとに、仏教における『煩悩即菩提（迷いはすなわち悟り）』という逆説的な思想が日本人に及ぼした影響」に注目し、これを発展させて「日本の家族の問題、すなわち男女、夫婦、親子の関係のなかに『利己心と犠牲』という対立するテーマ」を見いだし、それを解決する規範として「慈悲の道徳」が形成されたとする和辻の主張に注目している。

　以上のように二人の議論を整理したうえで、日本の風土を考察するにあたって、寺田が「地震的契機」を重視することで「天然の無常」という宗教的な根源感情に関心を寄せたのに対して、和辻の方は、「台風的契機」に着目することで「慈悲の道徳」という協同的な市民感覚の重要性に説き及んでいる、と山折はまとめている。東日本大震災を受けて、その年の7月に、寺田の災害関係のエッセイをまとめて、山折が編集した『天災と日本人　寺田寅彦随筆選』（2011）の「解説」においても、ほぼ同様の議論を掲載している。

　日本の風土を考察するにあたって、寺田と和辻とがそれぞれ「天然の無常」と「慈悲の道徳」という対照的な考え方に到達していたことを指摘す

る、山折の着眼にはたいへん鋭いものがある。しかし、山折の指摘とは異なり、寺田は必ずしも「地震的契機」のみを重視したわけではない。寺田のエッセイを読めばわかるように、地震だけでなく、津波や台風にも言及している。たとえば、「地震津波颱風のごとき……頻繁に我が邦のように劇甚な災禍を及ぼすことははなはだ稀であると言ってもよい」とし（寺田2011［1934］：10頁）、また「地震や風水の災禍の頻繁でしかもまったく予測しがたい国土に住むものにとっては天然の無常は遠い遠い祖先からの遺伝的記憶となって五臓六腑に浸み渡っている」とも（寺田2011［1935］：135頁）、「まったく予測し難い地震台風に鞭打たれつづけている日本人」とも述べている（寺田2011［1935］：136頁）。おそらく、和辻の風土論における「台風的契機」との対比を明確にするために、山折は敢えて「地震的契機」という表現をして強調しようとしたのであろう。実際、寺田が述べるように、地震だけではなく、津波や台風などさまざまな自然の猛威が人々に無常を感じさせると説く方が自然のように思われる。

　つまり、寺田が「天然の無常」を説くにあたって、自然の猛威全般についてふれているのに対して、和辻は「慈悲の道徳」を説くにあたって、自然の猛威全般を台風に代表させているのである。以下に検討するように、和辻は風土論において台風を取り上げることが、最も相応しいと考えたと思われるのである。

第2節　和辻風土論における防災観

　和辻は、『風土』の第一章「風土の基礎理論」の冒頭において、次のように述べている。

　　ここに風土と呼ぶのはある土地の気候、気象、地質、地味、地形、景観などの総称である。それは古くは水土とも言われている。人間の

環境としての自然を地水火風として把捉した古代の自然観がこれらの概念の背後にひそんでいるのであろう。しかしそれを「自然」として問題とせず「風土」として考察することには相当の理由がある（和辻1979 [1935]: 9 頁）。

　和辻によれば、風土とは「土地の気候、気象、地質、地味、地形、景観などの総称」であるという。しかし、それを「自然」としてではなく、「風土」として考察するという。それはなぜなのか。和辻によれば、「風土」とは、一般的に「人間」とは別個のものとして対象化されている「自然環境」とは異なり、主体的な人間存在にかかわる立場にとっては、「日常直接の事実としての風土」であり、それは「個人的・社会的なる二重性格をもった人間」の「自己了解の仕方」であり、「風土的形象」とは、「主体的な人間存在の表現」であるとされる（和辻1979: 3 頁）。風土は、人間にとっての対象としての自然環境ではなく、人間存在は風土のなかに、あるいは風土として存在している、ということのようである。では、主体的な人間存在の自己了解としての風土とは、具体的にはどういうことなのだろうか。和辻は、次のように述べる。

　　同様なことは炎暑についても、あるいは暴風・洪水のごとき災害についても言えるであろう。我々はこれらの「自然の暴威」とのかかわりにおいてまず迅速にそれを防ぐ共同の手段に入り込んでいく。風土における自己了解はまさしくかかる手段の発見としてあらわれるのであって、……しかも我々は寒さ暑さにおいて、あるいは暴風・洪水において、単に現在の我々の間において防ぐことをともにし働きをともにするというだけではない。我々は祖先以来の永い間の了解の堆積を我々のものとしているのである（和辻1979 [1935]: 15 頁）。

第2節　和辻風土論における防災観

　風土における自己了解は、炎暑、暴風、洪水のような「自然の暴威」とのかかわりにおいて、それを防ぐ共同の手段の発見としてあらわれるという。自然災害を防ぐ共同の手段が見出されるとき、すなわち防災の対応を取るときに、風土における自己了解の仕方がわかる、というわけである。また、その自己了解の仕方は、祖先以来の永い間、堆積されているのである。では、自然災害を防ぐ共同の手段とは、具体的には何のことだろうか。

　　家屋の様式は家を作る仕方の固定したものであると言われる。その仕方は風土とかかわりなしには成立するものではない。家は寒さを防ぐ道具であるとともに暑さを防ぐ道具でもある。寒暑のいずれがより多く防御を必要とするかによって右の仕方はまず規定されねばならぬ。さらにそれは暴風、洪水、地震、火事などにも耐え得なくてはならぬ。……そうすれば家を作る仕方の固定は、風土における人間の自己了解の表現にほかならぬであろう（和辻 1979 ［1935］: 15-16 頁）。

　和辻によれば、家屋の様式は、風土における人間の自己了解の仕方の表現であり、それは暴風、洪水、地震、火事などの災害を防ぐ手段として発見され、表現されたものである。家屋のあり方自体が、風土における人間の自己了解の仕方としての防災の対応を表現しているのである。家屋のなかで暮らすこと自体が、防災の対応そのものであり、それが風土における自己了解の仕方、ということになる。とするならば、災害に何ら備えもせず、ただ自宅にいるだけのあり方であっても、すでにそれは防災の対応となっているのであり、それはまた当然ともいうべき、風土における自己了解の仕方、ということになる。
　また、和辻は『風土』の第3章「モンスーン的風土の特殊形態」において、「日本」を「台風的性格」として取り上げて、以上のような風土における自己了解の仕方である家屋の様式としての家の構造について、「人間

の間柄としての家の構造」を反映していると述べている。ここでいう「家」とは、個々の家族の成員のことではなく、「家族の全体性」を意味しており、「祖先に対する後裔や後裔に対する祖先」も含むものである。和辻によれば、「『家』としての日本の人間の存在の仕方は、しめやかな激情・戦闘的な恬淡というごとき日本的な『間柄』を家族的に実現している」のであり、「あらゆる時代を通じて日本人は家族的な『間』において利己心を犠牲にすることを目指していた」とされる（和辻 1979［1935］: 170-172 頁）。

　和辻によれば、家族の全体性を意味する「家」は、日本的な「間柄」としての日本の人間存在の仕方を家族的に実現したものであり、家屋の様式としての家の構造はそのメタファーということになる。家屋としての家は、家族の全体性としての家を象徴しているのである。とするならば、利己心を犠牲にして家族の全体性としての家を守る行動は、家屋としての家を守る行動としてもあらわれる。言い換えれば、家屋としての家を守る行動は、家族の全体性としての家を守ることの象徴的表現ということになる。家屋としての家と家族の全体性としての家とは、不可分なかたちで存在しているのである。

　和辻の観点からすれば、「籠城」という自宅避難のあり方は、家族の全体性としての家を守ることだけではなく、結果的には家屋としての家を守ることを同時に実現する行動ということができ、それは相当に揺るぎない人間存在のあり方ということになるだろう。

第 3 節　地震なき風土論

　和辻の風土論を参考にすれば、日本列島に暮らす人々にとって、家屋としての家において、家族と暮らすことが、風土における自己了解の仕方としての防災の対応となっており、それは揺るぎない人間存在のあり方とい

うことになる。しかし、これは日本の家族のあり方と「台風的性格」とを結び付けて捉えようとする、あくまで和辻の個人的な観点に過ぎないことに注意しなければならない。なぜなら、山折は、先に取り上げた記事において、次のような指摘をしているからである。

> ところが意外なことに、和辻は日本の風土的特徴を考察した際、台風的、モンスーン的風土については論じても、地震的性格については一言半句ふれてはいない。これは驚くべきことではないか。なぜなら1923（大正12）年に起きたばかりの関東大震災の惨事を記憶していたはずだからである。

たしかに、日本の風土を考察するにあたって、その台風的性格について論じても、その地震的性格については一切ふれていないのは、驚くべきことである。まして、関東大震災を身をもって体験した和辻が、地震的性格について一切ふれていないというのは、さらに驚くべきことだろう。和辻は風土論において日本の家族のあり方を地震的性格に関係づけて論じることもできたはずであるが、なぜそうしなかったのであろうか。

じつは、関東大震災を体験した和辻は、「地異印象記」と題した震災体験記を残している。以前、筆者は、「地異印象記」を取り上げて、和辻の人間観について論じたことがある（山 2023）。ここでは、本章の関心にそって、もう一度、検討してみたい。

倫理学者の川本隆史は、その概要を簡潔に次のように述べている。

> 当時三十四歳で法政大学教授の職にあった彼は、千駄ヶ谷の自宅で大地震に出くわし、いち早く『思想』第二五号（1923年11月）に「地異印象記」を発表した。九月末日という日付のあるこの小篇は、地震後の大火の原因を「一切の合理的設備が間に合わない程迅速に、また

合理的設備を忘れる程性急に、大都会が膨張して行つたこと……結局はかくの如く一所に蝟集してかくの如き都会を築造した人間の愚」に求める一種の文明批評から説き起こし、結びの部分でも「『大火に対して何の防備もない尨大な都市』を作った市民自身の油断」を戒めたもの。そして和辻は「正しい認識とそれに従う正しい実行」、より具体的には「公共の利益のために断乎として利己主義的な社会組織経済組織を改善する」との施策を提案する（川本 1996: 112 頁）。

以上のような主張をもった「地異印象記」は、地震に始まり、大火の発生にともなう被害状況の推移、放火に関する流言蜚語、それに対する和辻自身の行動や心理の変化を、時間の流れを追って、じつに克明に記録したものであり、関東大震災を体験した人間の記録としても貴重なものとなっている。

「地異印象記」には、地震によって自宅が揺れ始めてから、和辻がとった行動について記した箇所がある。

　　揺り始めると自分は立って縁側に出た。そのとき自分は昨春の強震を思い出して、またあれくらいのが来たなと思った。そうしてあのときは嬰児を抱いて庭に飛び出したが、今日は飛び出すのをよそうなどと考えた。その瞬間に家が予想外に猛烈な震動を始めた。自分は「外へ出ろ」と怒鳴って反射的に庭へ飛び下りた（和辻 1963［1923］: 588 頁）。

これに続けて、「この最初の瞬間の心理状態が自分には今度の事変の経験を図式的に示しているように思われる。最初にはある近い経験にあてはめて考え、その見当が外れたとき度を失ってある反射的な行動に出るのである」と述べて、人間の反応のあり方について冷静に考察している（和辻 1963［1923］: 588 頁）。和辻は続けて、まだ女中と子が家の中に残されてい

第 3 節　地震なき風土論

ることに気づき、全員を避難させるまでの経緯を詳しく描写した後、次のように記している。

　家が倒れなかったからよかったようなものの、もし倒れたとしたら、その時家の中にいたのは二人の女中と下の子とで、自分たち夫婦と上の子とは外に逃げ出していたのである。もっともその際誰が圧し潰されたかは解らない。あるいは外にいたものの方がひどい怪我をしたかも知れぬ。けれどもとにかく自分たちが外に出て女中たちが内にいたということは、最初の震動の最中に自分の心を苦しめた。その時自分の体が震動のため思うように動かせなかったことが、いっそうその苦しみをひどくした（和辻 1963［1923］: 589-590 頁）。

二人の女中と下の子とを家の中に残して、反射的に家から外に逃げ出した自分の行動を振り返って、否定的に捉えていることがわかる。このような行動が、「自分の心を苦しめた」ことについて、和辻は次のように考察をしていく。

　最初判断力が働かず反射的に外に飛び出したことがいわばフェータルなので、次の瞬間にそれを取り返そうとしてももう間に合わぬのである。自分はすぐあとで藤田東湖の圧死を思い出した。東湖は母を救うために飛び込んで行って梁に打たれたのだという。おそらく彼もまた最初は反射的に外へ飛び出し、母のことに気づいて再び家の中へ飛び込んで行ったのであろう。もし揺れ始めの時ただちに母の居室にかけつけて行ったならば、救い出すひまがあったのであろう。が自分はこの「間に合わなかった」ことに、この際、強い同情を持つことができた（和辻 1963［1923］: 590 頁）。

安政の大地震の際、母を助けようとして圧死した藤田東湖の有名なエピソードにふれながら、藤田東湖も和辻と同様に最初は反射的に外へ飛び出し、再び家の中へ飛び込んで行ったのであろうと想像し、和辻自身の行動と重ね合わせて理解しようとしている。和辻自身も藤田東湖と同じような行動を取っていながら、結果的にはたまたま助かっているが、場合によっては、同じように死んでいてもおかしくなく、強い同情を感ぜざるを得ないのである。そのうえで、和辻は次のように述べている。

> ただほんの一瞬間、本能的な恐怖のために判断が麻痺する。次の瞬間には命を賭する気持ちになれるにしても、最初は思わず我を忘れて逃げる。そうしてその「我を忘れたこと」のためただちにその我が罰せられる。自分は今度の天災においてこの種の経験をした人が決して少なくないと思う（和辻 1963［1923］: 590 頁）。

 家族を残して、自分だけ逃げるという行動について、和辻は強く否定的に捉えている。また、命を賭けて家族を守ることを当然とする人間観を和辻は持っている。これは藤田東湖の圧死を、強い同情を感じつつも、決して否定していないことにもあらわれている。むしろ、反射的に逃げてしまったことを大きな罪と捉えており、また助けに戻ることは当然の行動であり、遅きに失したために招いてしまった死も当然の罰と捉えている。以上のような議論を経て、和辻は次のようにまとめている。

> 人間の本性が利己的であると見る人は、本能的な恐怖に囚われる最初の瞬間を指示して、自説の証左とするであろう。しかし判断の麻痺した瞬間は、人間がその本性を失った瞬間である。次の瞬間にその本性を取り返したときには、もはや初めに恐れたものをも恐れなくなる。そうして利己的な欲望の代わりに、相互扶助の本能が猛然として働き

始める。それは今度の天災で個人個人の間にも、あるいは一般に民衆的にも、また大阪神戸をはじめ全国の諸都市諸地方の団体的な救護活動にも、人を涙させるような同情の行為として一時に現われた現象だったと思う。ここで問題になるのはむしろたとい一瞬間でも本性を失うような狼狽に陥るという弱点である。そのような弱点のない、本当の意味で胆の据った人も、もちろんあったと思うが、しかし多数の人間にはこの弱点が共通であった。そのため災禍を甚しくした場合も決して少なくないと思う（和辻 1963［1923］: 590 頁）。

ここで和辻は、人間の本性の捉え方について、「判断の麻痺した瞬間は、人間がその本性を失った瞬間である」として、決して利己的な行動を人間の本性として認めない。一方、「利己的な欲望の代わりに、相互扶助の本能が猛然として働き始める」という点に、和辻は人間の本性を認めようとする。「人を涙させるような同情の行為として一時に現われた現象」として、限定をつけてはいるものの、和辻はここに人間の本性を認めようとする。しかし、和辻自身が述べているように、問題なのは、「たとい一瞬間でも本性を失うような狼狽に陥るという弱点」であり、「多数の人間にはこの弱点が共通であった」という点である。

もちろん、判断が麻痺し、人間がその本性を失った瞬間があったとしても、それは一瞬のことであり、その状態を乗り越えれば、相互扶助の本能が猛然として働き始める。相互扶助の本能が働く点についていえば、地震も台風も同様である。しかし、台風の場合、地震ほどには突発的ではなく、事前から相互扶助的な行動を取りやすく、人間の本性を発揮するに相応しい災害といえる。しかし、地震はまさに突発的に発生し、一瞬とはいえ人間の判断を麻痺させ、その本性を失わせる災害なのである。

和辻は、利己心を犠牲にし、家族のために命を投げ出すことを価値とする「慈悲の道徳」が歴史的に形成されてきたことを説いていた。しかし、

「慈悲の道徳」にとっては、一瞬とはいえ人間の判断を麻痺させ、利己的な行動を取らせてしまう点に人間の本性を認めて、そこに「地震的性格」を見出して言及することは、都合が悪いことは明白だろう。

利己心と犠牲という対立するテーマを取り上げる以上、犠牲に関しては、台風との関連から説くとしても、利己心に関しては、藤田東湖の圧死のエピソードにも端的にあらわれているように、地震との関連で説かれるべきものであろう。

しかし、和辻は地震的性格については一切ふれることなく、家族のために利己心を犠牲にする側面にのみ着目し、これを「台風的性格」と関係づけて論じているのである。和辻の風土論の背後には、もう一つの風土論、地震の風土論が隠されているのである。

第4節　風土論からみた防災研究への示唆

一般的に、防災の分野においては、災害時に危機に瀕して、人が逃げないことが問題となっている。その意味では、和辻がまず自分の身を守るために「逃げる」という行動をとったことは、むしろ和辻がいうように「我を忘れた」というよりも、適切な判断に基づいた適切な行動であったということもできる。

総合防災研究者の岡田憲夫は、Vitae System model（生命体システムモデル）という概念モデルを提唱し、命を守る当事者（エージェント）は状況依存的に三つのサバイバルの挑戦を乗り越えなければならないと述べる。

第1のサバイバル（生存）：突然、死に瀕する危機的状況になっても、ともかく命だけは失わないようにするぎりぎりの闘い

第2のサバイバル（生活）：第1の自己サバイバルの闘いのあと、その命を守りきるため活力を維持するぎりぎりの闘い。

第3のサバイバル（共闘）：第2の自己サバイバルの闘いの瀬戸際状態

を脱してゆとりのできたプレイヤーが、まだ孤立状態の他のプレイヤーの命を守るために支援する形で行われるぎりぎりの闘い。

　以上の行動原理を定型化したのが、① Survivability（死に瀕して命を守る）、② Vitality（活力で命を守る）、③ Con-viavality（共につながって命を守る）、すなわち Vitae System model（生命体システムモデル）である（岡田 2015: 186-187 頁）。

　岡田の Vitae System model を参考にすれば、和辻の考え方は、死に瀕してまず自己の命を守ろうとする第 1 のサバイバルを（生存）を認めず、自己の命を犠牲にしてでも家族の命を真っ先に救う、まったく異なる行動原理を示していることがわかる。それは和辻の立場からすれば、第 1 のサバイバルの行動の主体が個人ではなく、家族を単位としているからである。

　しかし、藤田東湖の圧死のエピソードのように、Vitae System model の段階を経ていない場合には、共倒れになる恐れがある。しかし、すでに述べたように、和辻は家族を残して、自分だけ逃げるという行動について否定的に捉えており、命を賭けて家族を守ることを当然とする人間観を持っている。そのため、藤田東湖の圧死を、強い同情を感じつつも、決して否定していない。むしろ、和辻自身、反射的に逃げてしまったことで、「自分の心を苦しめた」のである。

　ここで思い出されるのが、東日本大震災以降、その重要性が再認識された「津波てんでんこ」という災害伝承である。「津波の危険があるときは、親も子も兄弟姉妹もない、ほかの人に構わず、てんでんばらばらに高台に逃げよ」という津波避難原則であり、東日本大震災がそうであったように、被害軽減に大きくしてきたという。しかし、他方、「津波てんでんこ」は、深刻な心理的葛藤を、災害の事前にも事後にも生じさせる可能性がある。大西正光や矢守克也らの研究グループは、こうした心理的葛藤を「リグレット（後悔）感情」と呼び、これを軽減するための津波避難対策に取り組んでいる（大西ほか 2020、矢守 2021）。

リグレット感情が、和辻のいう「自分の心を苦しめた」という感情と通じていることは明らかであろう。また、「親も子も兄弟姉妹もない」という原則は、利己心を犠牲にして、家族のために自己を犠牲にする「慈悲の道徳」に反している点とも通じている。和辻の発言は、家族間におけるリグレット感情の問題を非常に早い時期に指摘したものということができる。しかし、異なっているのは、「津波てんでんこ」という津波避難原則を維持したうえで、いかにしてリグレット感情を軽減するのかが、現在の防災研究の課題であるの対して、和辻の考えは、自己の命を犠牲にしてでも家族の命を真っ先に救うことが、後悔しないためにも良いと考えていることである。

つまり、和辻の立場から見れば、もう一つの Vitae System model があることになる。家族が① Surviability（死に瀕して命を守る）を成し遂げて、家族が② Vitality（活力で命を守る）を維持した後に、「相互扶助の本能が猛然として働き始め」て、「個人個人の間にも、あるいは一般に民衆的にも、また大阪神戸をはじめ全国の諸都市諸地方の団体的な救護活動」のような、③ Con-viavality（共につながって命を守る）の活動が行われる、ということなのである。このような家族単位の Vitae System model の考え方は、特に地域社会では、「自明の常識」のようなものとして、根強く存在しているとも考えられる。

しかし、現実には、和辻自身がそうであったように、反射的に逃げてしまい、自分の心を苦しめるということがあり得る。これを和辻のように、「人間の弱点」と見るのではなく、岡田の Vitae System model が提示するように、生命体を維持するシステムとして必須の条件とする考え方を広く共有することが必要であろう。岡田は「四面会議システム」と呼ばれる住民参加型の行動計画策定ワークショップ手法を開発し、実際に Vitae System model を適用して、起こり得る状況の多様性と取るべき対応の可能性をシュミレーションし、成果を上げている（岡田 2015）。また、大西や

矢守らの取り組みも、「津波てんでんこ」という津波避難原則と家族単位のVitae System modelとの間の心理的葛藤を軽減することを視野に入れた実践的な取り組みと捉えることもできるだろう。

　冒頭で触れた、桜島火山の大噴火の場合には、噴火警戒レベルに応じて、噴火警報が出される。事前に広域避難の備えをしていれば、地震とは異なり、家族で一緒に避難するだけの時間的な余裕がある。この点で、和辻が経験した地震や「津波てんでんこ」とは異なり、家族間におけるリグレット感情の問題は回避される可能性は高いと思われる。問題があるとすれば、それゆえに、自宅にいることが防災の対応そのものであり、同時に家族を守ることにもなる、という人間存在のあり方が、台風的性格のそのままに、揺るぎなく維持されているように見える点である。桜島火山の大噴火に備えた事前からの広域避難を進めるためには、自宅で備えることと、家族を守ることとの結びつきを、どのように解きほぐしていくのか、という別の課題があることを、和辻の風土論は示唆しているようである。

お わ り に

　以上、和辻の風土論を手掛かりにして、日本列島に暮らす人々の防災観について検討してきた。和辻の観点からいえば、家屋のあり方自体が、風土における人間の自己了解の仕方として、すでに防災の対応を織り込んでおり、家屋で暮らすことが防災の対応そのものであり、自宅で備えることが、同時に家族を守ることであり、それは相当に揺るぎない人間存在のあり方であった。

　たしかに、和辻の観点は、日本列島で暮らす人々の防災観の一面を鋭く把握しており、なぜ多くの住民が災害を前にして何らの備えもせず、ただ自宅にいるだけなのか、また備えるとしても、なぜ「籠城」という選択をするのかについても、うまく説明できるようにみえる。しかし、和辻のい

うように、たとえ台風的性格が基調であるとしても、それがすべてではなく、現実的には、台風だけでなく、地震や津波、火山噴火などの異なる自然災害にも対応しなければならない。実際、関東大震災において、「人間の弱点」として否定的に捉えてはいたが、利己心を犠牲にする家族的な「慈悲の道徳」とは異なる人間観、いわば「地震的性格」を和辻は見出していた。

今後は、「日本人論としての風土論」を越えて、地域ごとの風土に応じた複数の風土論、多重的な自然災害に応じた重層的風土論が必要となるだろう。また、災害を前にして、運命として受け入れ、諦めてまったく逃げようとしないあり方については、「天然の無常」という寺田の風土論の考え方も参考になるだろう。地域の現場に関わりながら、住民・関係者と研究者がともに語り合い、行動をともにしながら、それぞれの地域の防災に相応しい風土論を創造する必要がある。防災と風土の哲学の実践的な取り組みが求められる。

付記
　本稿は、関東大震災と和辻哲郎の人間観について考察した拙稿（2023）もとに、その後の研究成果を加えて、大幅に書き直したものである。そのために一部記述が重なっていることをお断りしておく。

参考文献
大西正光・矢守克也・大門大朗・柳澤航平 2020「リグレット感情を考慮した津波避難―リグレットマップ作製の試み―」『災害情報』No. 18-1
岡田憲夫 2015『ひとりから始める事起こしのすすめ：地域（マチ）復興のためのゼロからの挑戦と実践システム理論　鳥取県智頭町 30 年の地域経営モデル』関西学院大学出版会
川本隆史 1996「震災と倫理学に関するノート」中井久夫編『昨日のごとく―災厄の年の記録』みすず書房
寺田寅彦 1934「天災と国防」山折哲雄編 2011『天災と日本人　寺田寅彦随筆選』角川ソフィア文庫
寺田寅彦 1935「日本人の自然観」山折哲雄編 2011『天災と日本人　寺田寅彦随筆

選』角川ソフィア文庫
廣井脩 1995『新版　災害と日本人―巨大地震の社会心理』時事通信社
広瀬弘忠 2004『人はなぜ逃げおくれるのか―災害の心理学』集英社新書
山泰幸 2023「地震なき風土論―関東大震災と和辻哲郎の人間観」『復興』30 号、Vol.
　　12 No. 1
山折哲雄 2011「解説」『天災と日本人　寺田寅彦随筆選』角川ソフィア文庫
矢守克也 2021『防災心理学入門―豪雨・地震・津波に備える』ナカニシヤ出版
和辻哲郎 1963［1935］「地異印象記」『和辻哲郎著作集　第二十巻』岩波書店
和辻哲郎 1979［1935］『風土』岩波文庫

コラム２ | 風土

張　政遠

　2011年10月12日に、オギュスタン・ベルク（フランス国立社会科学高等研究院退任教授）は「2011年度国際交流基金賞日本研究・知的交流部門受賞記念講演会」の中で「日本風土の教え：蝦夷論から進化論へ」を発表した。「風土」という言葉は、ほかならぬ和辻哲郎が考えた自然と文化についての概念だが、英語圏では climate と定訳されてしまい、誤訳だと言っても過言ではない。ベルクは「風土」をフランス語の milieu に訳し、『風土の日本：自然と文化の通態』では「風土性」について持論を展開した。記念講演会では、ベルクは次のように述べている。

　　「風土」の中には２つの面があり、その一つは地域の特殊性です。もう一つは私自身が特別扱いする面、すなわち和辻さんの『風土』の１行目に出てくる、風土性の定義に拠る面です。「人間存在の構造契機」とは非常に分かりにくい表現ですが、とても大事です。私はその「契機」の意味を理解するのに30年ほどかかりました。本当に分かりにくいですけれども、やっと理解したように思えたときには、médiance と訳さなければならないと意識するようになりました。médiance というフランス語は造語ですが、これはラテン語の medietas から来ています。medietas は「半分」という意味で、その「半分」とは、和辻哲郎の説によると、人間には一方で「人」（ひと）という個人の次元があり、もう一方には「間」（あいだ）という共同的・共通的な間柄の次元があり、存在論的にいうと、その両方を合わせて初めて本当の「人間」になるということです。それを表現するために、medietas＝「半分」を意味する言葉を用いて médiance という新語をつくりました。通常、「風土性」と言うと、日本の哲学者によるこの言葉の理解

と私の理解はいささか異なります。だいたいにおいて日本では、地域の特殊性を強く感じるのです。私の場合は、むしろ、その両面性であり médiance、medietas という概念であり、和辻哲郎さん自身の定義によって私はこの点自信を持っています。そして、ここから『風土の日本』という本が生まれました（ベルク 2011: 10 頁）。

同年 3 月に東日本大震災が発生してから、「今度の大震災をどのようにご覧になっているのか」という質問に対して、ベルクはこう答えている。

非常に大きな問題ですけれども、簡単に説明してみます。先ほど紹介しました médiance という概念を考えますと、人間には人の個人的な次元と間柄的な次元の両面があります。両方を合わせて、人間存在の構造契機になって人間になるわけです。けれども、その間柄の意味は隣同士の間柄だけではなく、土地との間柄でもあり土地柄でもありますし、それ以前に生きた人間つまり歴史との間柄でもあり、未来に生きる人間との間柄でもあります。未来に生きる人間のことを考えねばなりません。

そういう立場で原子力を考えますと、今の段階で私たちは放射能をなくす技術を持っていません。ですから、廃棄物は、ただ放っておくことしかできません。放っておくということは、やはり私たちの子孫に残す大きな問題となります。これは、とても無責任な、とても現代的で個人中心的なやり方です。もっと人間の倫理的な立場あるいは人間の風土的な立場であれば、やるはずがないのです。技術がないから原子力そのものを廃止しなければならないという結論になります。

これは理論的な結論ですけれども、現実を見ますと、1 日や 2 日でやめることはできないけれども、やはりはっきりとした方針を持たなければならないのです。風土論の立場で考えますと、このような結論になります（ベルク 2011: 18 頁）。

周知のとおり、和辻哲郎は『風土』の中で、風土の三類型、すなわち「モンスーン型」「牧場型」「砂漠型」を論じているが、日本の場合は暑く湿気が高い「モンスーン型」に属しており、雑草や台風との闘いに強いられているから、「しめやかな激情」「戦闘的な恬淡」という国民性が生まれたという（和辻 1979: 166 頁）。しかし、ベルクは和辻の「風土論」にとどまるのではなく、「風土学」（mésologie）にこだわっている。ベルクによれば、風土は自然的であると同時に文化的であり、主観的であると同時に客観的であり、集団的であると同時に個人的であるという（ベルク 1992: 183-184 頁）。
　また、ベルクは「風景」（paysage）にも注目し、それは単一（発生的）であるが、複数（複製的）でもありうるという。風景の複製を「空間構成」（chorésie）としたベルクは、次の例を挙げている。「たとえば日本の社会は北海道に稲田を作ったが、これはある意味で日本の風景をアイヌの島に再現することであった。この複製は、歴史的には帝国主義と、ある（土着の）社会の（外来の）社会による排除を前提とした。そこにはいわば場所による有効性が働いている（ベルク 1992: 200 頁）。」そもそも、「空間構成」というのは、「語源的な意味の前進するという行為（χωρησις）と、ある言語、ないしより一般的にはあるコード圏の領域的拡張を同時に意味する（ベルク 1992: 203 頁）。」日本の場合においては、山（非居住域）と里（居住域）の間に山の辺という山の辺（境界）がある。春には山の神が人里の方へ下り、そこで田の神となり、秋になると反対方向へ移動する。たとえば、柳田國男は『年中行事覚書』の中でこう書いている。「田の神が春は山から降りて田を守り、冬に入ってから、再び山に登って山の神になるということは、もう本当にそうだと思わない人までが、全国にわたって今でも皆記憶している。町に住む者は、毎日いつでもほしい時に、珍しい食物が得られるので、節日というものの印象はうすいのだが、農村ではこれが一つの良い記念であった（柳田 1990: 27 頁）。」非居住域と居住域をめぐる神々の旅は、自然と文化の周期的な関係を象徴するとされている。
　ベルクが提示した milieu・médiance という言葉は見事な訳語だが、風土の「土」があまり感じられない。「風土」の訳に関して、私はフランス語のテロ

ワール（terroir）を提案している。それは、terre（土地）から派生した言葉であり、ワイン・コーヒー・茶などの場合、生育地の地理・地勢・気候による特徴をさしている。さらに、スペイン語のテルーニョ（terruño）は、土地とその風俗と文化だけではなく、先住民族の居住域＝故郷（homeland）という意味もある。

　じっさい、「風土」が哲学的・存在論的な概念ではなく、変化しつつある。日本の風景をアイヌの島に複製したことは、風景の複製や生活空間の拡張と言えるが、「開拓」という大義で非居住域を居住域にすることは、結局、アイヌ人の故郷を破壊してしまったと言わざるを得ない。非居住域（エレーム）が居住域（エクメーネ）になる場合もあれば、居住域が非居住域になってしまう場合もある。風土の変化による「故郷喪失」の具体例を挙げておこう。2022年2月24日にロシアがウクライナに攻め込み、激しい戦争が始まった。大勢の人が亡くなっただけではなく、ウクライナの風土にも大きな変化をもたらした。ウクライナの空色・黄色の二色旗は青空と小麦畑を象徴しており、これが風土そのものの美学的表現だと思われるが、戦争によって空が灰色となり、大地が血に染まった。「風土変動」（Fudo change）は「気候変動」（climate change）とは違い、前者は後者より速く、より深刻な変化をもたらすことがあると考えられる。

　2024年の元旦に、能登半島で大きな地震が発生した。輪島市の朝市・白米千枚田などの景色が変わってしまい、珠洲市の観光名所である見附島が崩れてしまった。能登の「風土復興」が問われる中、東日本大震災の沿岸部の復興工事を「殺風景」と批判したベルクの思索を今日において再び吟味すべきであろう。

　私たちは「風土喪失」だけではなく、「故郷喪失」の危機にも直面している。そして、私たちの生活世界も突然震災や戦争で無惨な風景になるかもしれない。風土＝故郷の衰弱性を再認識しながら、故郷＝風土を守っていかなければならない。

参考文献
ベルク、オギュスタン 1992『風土の日本』ちくま学芸文庫
ベルク、オギュスタン 2011「日本風土の教え：蝦夷論から進化論へ」『2011 年度国際交流基金賞　日本研究・知的交流部門　受賞記念講演会』資料（https://www.jpf.go.jp/j/about/award/archive/2011/dl/augustin_%20berque.pdf）2024 年 12 月 6 日最終閲覧
柳田國男 1990『柳田國男全集』第 16 巻　ちくま文庫
和辻哲郎 1979『風土』岩波文庫

第 8 章

風景とともに立ち直るⅡ
——風景とわたしはどのように一つであるのか、
あるいはモニズムの論理と語り方——

寺 田 匡 宏

は じ め に

　数年前、「風景とともに立ち直る」という短い文章を書いた（寺田 2016）。それは、「風景が壊れている、そして私も……」という文章に触発されて書いたものである。その文章は、1995 年に起こった阪神・淡路大震災において、神戸市の東にある江戸時代以来の古い伝統的酒蔵地区である魚崎(うおざき)という街で地震に出会った演劇ダンス批評家の上念省三(じょうねん)が、自らの家や家族は無事だったが、生まれ育ち暮らしていた場所が全く変わってしまったことによって感じたとまどいや違和感をつづった文章だった（上念 1997）。「……」の中に、そのような感情が込められている。地震の直後、あるアンソロジーに掲載され、その後、高校生向けの現代文の教科書に採用されるなど、よく読まれた文章である。

　災害によって、風景が壊れることは、わたしが壊れることである。それが、上念の現場の感覚から出た言葉である。それに触発されて、もし、災害で風景が壊れることによってわたしが壊れるのならば、その壊れたわたしは、同時に、風景が立ち直ることによって立ち直るのではないか、という思いから「風景とともに立ち直る」という文章を書いたのだった。

　そのころ訪ねた、イタリア中部の中山間地帯で起きた地震で壊滅し、その後、集落ごと街に移転したジベリーナという地区の街区を保存したラン

第 8 章　風景とともに立ち直る II（寺田匡宏）

写真 1　ランドスケープ・アート「グランデ・クレット Grande Cretto（巨大な亀裂）」、作・アルベルト・ブッリ Arberto Burri、制作・1984-2015 年、イタリア、ジベリーナ、撮影・寺田匡宏（2012 年）。

ドスケープ・アート作品であり記憶の場である「グランデ・クレット（巨大な亀裂）」（写真 1）や、これは、災害ではないのだが、村上春樹の小説『羊をめぐる冒険』の最後に出てくる、芦屋川の河口で埋め立てられてしまった海を見て、主人公が涙を流すシーンなどの意味をさぐることで、比喩的にそれを語ろうとした。

　風景が壊れることが、わたしが壊れることであり、風景が立ち直ることはわたしが立ち直ることであるということは、そのように比喩的には理解されるが、それを論理立てて示すことはそれほど簡単ではない。だが、現実の場で、それを政策も含めて実装してゆくには、言語による理論化が必要である。風景とわたしとの間の関係を考えることで、災害からの立ち直りの問題は見えやすくなるはずであるし、それは、現実の復興が、人々のこころに寄り添ったものとなることにも寄与するはずであろう。そういう意味からここで改めて、風景とともに立ち直ることについて考えてみたい。

第 1 節　文化としての風景

　風景とわたしの関係に入る前に、まずは風景という語と風景という概念について見ておこう。風景とは何であろうか。

風景という語

　辞書的に言うと、風景とは、「自然の景色。ながめ。また、その場の情景」（西尾ほか編 1982: 949 頁）、「目の前にひろがるながめ、景色。その場のようす。情景」（松村編 1988: 2088 頁）である。

　第一には、それは目に見えるものであり、つまり、体の前方に拡がっているものである。とはいえ、体の前に拡がっていれば風景かと言われると、部屋の中を風景と呼ぶことはあまりないので、それは野外にあること、そうして、何らかの自然と関係していることが必要であろう。とはいえ、自然であれば、風景と言えるのかという問題もあり、火星の風景を風景と言えるのか、あるいは、南極や北極の風景を風景と言えるのか、という問題もあろうから、ある種の趣や人間との近さというニュアンスがここには要るようにも思われる。

　また、地上性ともいえる要素も風景にはある。水中にも目に見える情景はあるが、それを風景と呼ぶことはあまりないし、空中にも目に見える光景はあるが、飛行機に乗って見えている雲の上の光景を風景と呼ぶことはあまりない。とするのならば、地に足の着いた状態、あるいは、潜水具や飛翔器具の助けを借りずに見ることのできるものというようなニュアンスもあろう。

　とはいえ、これらの語感は、あくまで日本語における最大公約数的なものを筆者が想像しただけであり、決定的回答というものはない。

　さらに、風景という語に対応するものが他の文化にあるかということも検討事項である。東アジア漢字圏には、日本語の「風景」と同じ漢字で表

記される語がある。韓国語には「풍경」という語があるが、これはプンギョン pung-gyeong と発音され、漢字では「風景」と書く。中国語にはフンチン fēngjǐng という語があるが、これは簡体字では「风景」と書かれる。日本語でいう「風景」と共通したニュアンスがあることも想像されるが、しかし、一方そうではない要素もあろう。また、印欧語に属する英語のランドスケープ landscape、ドイツ語のランドシャフト Landschaft、フランス語のペイサージュ paysage は、「風景」と訳されるが、これが、日本語の風景とどの程度同じでどの程度異なっているかも、風景という語をより深く知るためには必要な検討事項である。

立ち現れとインデックス

　抽象的に言うと、風景とは、外界の、主体における立ち現れである。その立ち現れ方には、様々な様態がある。それは、記号として立ち現れるのであるが、その記号とは、主体にとっての意味を持った表現物である。世界は、現前するものだけでできているのではない。様々な〈非＝現前〉のものも世界には含まれている。風景の中に、〈非＝現前〉のものが見られることもある。これを、精神医学者の中井久夫は、予感、兆候、余韻と言った。彼によると、風景は、未来や過去のインデックスとしてあらわれる場合もあれば、単に、〈非＝現前〉の世界のインデックスとしてあらわれる場合もある（中井 2004［1990］）。

文化としての風景

　風景として現れるインデックスの在り方には様々な差異がある。主体は一様ではない。その主体に立ち現れる風景も、一様に現れるのではない。この立ち現れ方の違いが「文化」である。外界と関係する主体には人間以外のいきものやものも含まれるが、それらへのインデックスの立ち現れについては、後に述べよう。

第 1 節　文化としての風景

　風景とは、文化的事象であるから、あらゆる文化に共通した風景というのは存在しない。ある特定の時間と場所においてある特定のものが風景となる。

　たとえば、近世から近代のヨーロッパにおいては、森が風景の代表的なものであった。美術史家のサイモン・シャーマ Simon Schama の『風景と記憶』は、当時のヨーロッパで森がどのように風景として存在していたかを描き出した（シャーマ 2005）。あるいは地理学者のオギュスタン・ベルク Augustin Berque は、西欧、中国や日本の庭園、風景画、山水画がどのように風景を描き出し、創りだしてきたかを明らかにした（ベルク 1990）。興味深いのは、シャーマもベルクも、実際の風景そのものだけではなく、風景を描いた絵画や文学や風景を模した庭園などの美術作品を重要な分析対象としていることである。それはつまり、風景とは、絵画やあるいは文学という形式で表象されたものでもあるということを示す。絵画や文学は、現実そのものではない。現実の再現であり、表象である。ことばや記号を用いて、ある現実を人間の知覚世界の中に創りだしたものである。風景とは、外界のそこにあるものの問題であると同時に、外界から記号というメディアによって人間の内的知覚世界に創造されたものの問題でもある。

カテゴリーとしての風景

　風景とは、カテゴリーである。カテゴリーとは、あるものをその中に枠組みづけてゆく認識枠組みである。この認識枠組みも時代によって、文化によって変わる。たとえば、今、わたしたちは、空間や時間が絶対の枠組みであるという文化の中にいる。それはニュートン以来の近代科学が前提とする枠組みである。しかし、異なる文化や歴史の中においては、そのような枠組みとは別の枠組みがあった。

　『中世文化のカテゴリー』の中で、ロシアの文化史家アーロン・グレーヴィチ Aron Gurevich は、西洋の中世には、現代とはかなり異なったカテ

ゴリーがあったことを明らかにした（グレーヴィチ 1992）。そもそも、この本が、「中世文化のカテゴリー」と名付けられているのは、この本が、中世文化の独自の認識枠組みを主題にしている本だからである。カント Immanuel Kant は、『純粋理性批判』の冒頭部分、第 1 編「超越的原理論」の第 1 部門「超越的感性論」の第 1 章「空間」と第 2 章「時間」で、空間と時間の絶対性を分析したが（Kant 1998 ［1781, 1787］: 97-127 頁）、つまり、それは時間と空間が、近代における認識枠組みの最も重要なカテゴリーであることを示す。一方、このグレーヴィチの本は、そのカントに真っ向から反論するかのように、第一章を、「クロノトポス（時場）」と名付け、空間と時間を分けない西洋中世のありようを描き出した。

　グレーヴィチの言によると、そのクロノトポスとは、「地上世界と超感覚世界とをはっきりと区別」せず、「言葉や観念が物的世界や事物と同じ程度のリアリティを持って」おり、「自然存在の圏内から身をもぎはなつことも、断固として自然環境に自らを対立することも」せず、「地理的空間は同時に宗教的・神話的」でもあり、「動物のような個々のものについてはよく気づいていたが、風景に関しては知覚力が低く」、「空間表象は著しくシンボリックな性格をもって」おり、「空間概念はあの世まで拡大されていた」し、「「時」の感覚の《超時間性》」がみられ、「意識の中では歴史はほとんど全くと言っていいほど欠落し」ていたという（グレーヴィチ 1992: 9, 10, 50, 68, 88, 126, 142, 152 頁）。彼は、「中世の人々の世界認識に「客観的」「主観的」という概念を適応することがいいのかどうかそもそも疑わしい」と述べるが（グレーヴィチ 1992: 202 頁）、もし、風景が、それを風景として認識する認識枠組みを持つ主体の存在を前提とするのならば、中世においては、そのような環境と主体との間の関係がなかったことを示唆しているかもしれない。とはいえ、これは、逆説的に主体と環境がより強くつながっていたともいえる。

カミとしての風景、音としての風景

　風景との距離感も文化によって異なる。風景と密着しているような文化もあれば、風景と距離を取る文化もある。いや、そもそも、風景という概念がない状況もある。

　ヨーロッパにおいては、森が風景のデフォルトであったことを述べたが、だが、その森とは、開発が進んだ中世以後だからこそ、風景であったのであって、中世以前においては、風景ではなく、恐れと畏怖の対象であった。

　日本の古代においては、風景は、今見るような風景ではなかった。日本における神の概念を概観した日本古代史家の佐藤弘夫は、約1万年前の縄文時代以前のカミは抽象化された不可視の存在としてではなく、個々の動物や出来事そのものがカミであったという。約3千年前の弥生時代になると、カミが抽象化されるようになるが、しかし、今度はその抽象化されたカミを具体化する必要ができて、依り代と呼ばれる物質やカミが宿る場所が必要になったという（佐藤 2014: 7-11 頁）。三輪山などの山や清浄な川がそのカミが存在する場であったというが、それは、つまり、風景はカミと重ね合わされて見られたということである。

　また、美術史家の山本陽子は、当初は見えてはならないとされていたカミが、仏教が伝来することで、表象されるようになり、鎌倉時代の神道曼荼羅では、神使の動物や聖域の景観として表現されるようになったともいう（山本 2014: 36 頁）。つまり、日本の古代や中世では、人が風景を見ても、そこに現在のような自然物が見られてはおらず、そこにはカミが見られていた。風景は風景ではなく、カミであった。

　あるいは、風景が視覚に依るものではない状況もあろう。熱帯雨林で暮らす人々にとっては、風景という視覚が優越するものはあまり意味を持たないだろう。カメルーンのバカ・ピグミーの人々は声や音楽への大きな関心を持つことでよく知られている（坂本 2012）。見通しのきかない巨木の森の中では、視覚よりもむしろ聴覚の方が大きな意味を持つ。そもそも、

風景という「景」を強調するような概念がそれほど重視されない文化もあることも考慮される必要がある。

風景とデタッチメント

　風景とのアタッチメントとデタッチメントの度合いも文化によって異なる。文化人類学の清水展が明らかにしたフィリピンに住むネイティブ少数民族の人々は、その土地が居住や生産にふさわしくなくなってきたら見切りをつけて、簡単に別のところに移るという（清水 2024）。そこでは、風景が壊れても、わたしは壊れることはないということになる。風景が壊れると、わたしが壊れるというのは、ある特定の時間の中に生まれたある特定の文化的現象である。それを東アジアの文脈に引き付けると、稲作に立脚した、定住を前提とし、イエやムラという共同体の存続に強い価値観を見出す文化が生じさせたものであるということになる。流動性の低い社会では定住が不可能になるような事態は、望ましくないので忌避の対象となるが、流動性の高い社会においては、そのようなこだわりは持たれない。

いきものにとっての風景

　風景をいきものやものに拡張できるのかという問題もあろう。主体における外界の立ち現れを風景というなら、いきものに主体があるならば、そこには風景が現れていることになる。それを明らかにしたのが、バルト系ドイツ人ヤーコプ・フォン・ユクスキュル Jakob von Uexküll であった。彼の環世界学の考え方は、いきものにも風景が立ち現れている可能性を示唆したものである。『生物から見た世界』には、犬やダニにどのように世界が立ち現れているかが書かれている（ユクスキュル・クリサート 2005）。ダニにとっては、動物から発される二酸化炭素などの化学物質が風景である。あるいは犬は、視角が人間ほど発達していないので、彼らには嗅覚によって風景が立ち現れている。犬のインデックスは、犬の関心の対象であるか

ら、ある部屋の中に犬がいても、本棚に並んでいる本は犬の風景の中には立ち現れない。そこで中心的に立ち現れているのは、飼い主の身体であり、飼い主が持っている犬のエサである。

第2節　風景とわたし

　さて、風景についてその概略を見てきたが、しかし、風景とわたしとがどのようなつながり方をしているのかまだ明らかになったわけではない。たしかに、風景は様々に、わたし、つまり主体に立ち現れる。しかし、一体、それはどうして、わたしに立ち現れるのだろうか。

風景とわたしのつながり方
　風景が壊れている、わたしもまた、というとき、それが示すのは、風景とわたしはつながっているから、わたしも壊れているということである。一方、それが、なんとなくおかしいと考えることは、風景は壊れているけれども、わたしは壊れてはいない、なぜなら、わたしは風景とはつながっていないから、と考えることである。後者の方が、一般的だろう。災害で壊れたのは、風景であって、わたしではない。わたしは、災害で壊れた風景を見ているが、そのわたしは、あくまでその壊れた風景を見ているのであって、わたしは壊れていない。

　もちろん、わたしが、災害に出会って、けがをしていたとしたら、わたしも壊れている。しかし、災害によってけがをしていない、いわば無傷のわたしは、壊れていない。あの文章を書いた上念省三の立場というのはそういう立場であった。彼は、地震で家も壊れていなかったし、けがをしたわけでもなかった。しかし、風景が壊れているだけで、わたしも壊れている。これはおかしいのではないか。上念は、そういう思いを抱いた。

　上念が自分のそういうあり方に疑問を抱いたのは、風景とわたしは、別

ものであり、つながっていないという考え方への違和感である。風景は、わたしとは無関係に存在して、わたしはそれを見ている。別の言い方をすると、風景が客観物として存在し、わたしはそれを見ている主観物として存在するという考え方への違和感である。上念が言いたいのは、風景が壊れている、そしてわたしも、というときには、壊れた風景と私とはつながっているということであり、それは、主観と客観はつながっているという考えである。

モニズム（一元論）とデュアリズム（二元論）

　この二つは、哲学の用語で、モニズム monism（一元論）とデュアリズム dualism（二元論）と言われる。デュアリズムとは、主観と客観ははっきりと分けられるという考え方である。見ているわたしが主観であり、見られている風景は客観である。主観と客観ははっきりと分かれているので、客観がいくら壊れても、主観が壊れることはない。風景がいくら壊れても、それは、客観である風景が壊れるだけで、見ている主観であるわたしは壊れることはないのである。

　一方、モニズムの場合は、主観と客観ははっきりとは分けられないという考え方である。見ているわたしが存在するから、見られている風景が存在する。しかし、その間には、はっきりとした切れ目はない。たとえば、見ているわたしと見られている風景の間に、線を引くことは不可能である。どこからが、見ているわたしであり、どこからが見られている風景なのか。わたしの前に風景がある。その風景はわたしの目の前の1メートルのところから始まるのだろうか。それとも、鼻の先から始まるのだろうか。瞼が閉じる位置から始まるのだろうか。それとも、目の中の網膜から始まるのだろうか。それとも網膜から脳に向かうニューロンが大脳に達する位置から始まるのだろうか。そこには切れ目はない。切れ目はないから、風景が壊れているとき、わたしが壊れることもありうる。

第 2 節　風景とわたし

科学とデュアリズム

　切れ目がないという考えを前提とすると、モニズムに理はありそうだが、社会的には、モニズムは分が悪い。というよりも、現在の社会では、モニズム的な見方とデュアリズム的な世界の見方がうまくバランスされていない。

　冒頭で見た、「風景が壊れている、そして私も……」というような思いを持つ人は多いだろう。日常の感覚では、そうである。しかし、それが、実際の政策レベルで認められることはあまりない。「わたしとともに壊れている風景」というようなものを科学や工学がそのディシプリンにおいて理解することは現状では難しい。もちろん、風景の復興を、客観的物体の復興ととらえると、科学や工学が取り組むことはできる。一方、こころの立ち直りは、精神医学や心理カウンセラーの領域となるが、それは「壊れている心」の立ち直りであっても、「わたしとともに壊れている風景」の立ち直りではない。心理カウンセラーが再建する建物を設計することはないし、工学者が被災者のこころのケアを行うこともない。だが、本当に必要なのは、精神医学者が建物の再建に携わり、建築家が被災者のこころのケアに携わるようなことではないのか。

　それは簡単ではない。なぜなら、その背後には、モニズムとデュアリズムの分断があり、それは、デカルト以来の数百年に及ぶ近代の問題だからである。科学は、デュアリズムに立脚している。主観と客観を分けたことで、客観世界を数値化することができ、その数値を操作することで様々な知識が発達した。その恩恵を受けて、わたしたちは現在の生活を享受している。だが、科学が中心となったおかげで、モニズム的な立場、つまり、風景とわたしがつながっているというような問題へのアプローチがしにくくなっているのも事実である。

第3節　モニズムとしての風景──日本におけるその系譜──

「風景が壊れている、そして私も……」というモニズム的な考え方を社会に実装してゆこうとするのなら、それを、比喩としてではなく、言語で論理化する必要がある。それを行ってきたのが、哲学である。とりわけ、日本の哲学にはモニズムが脈々と見られ、ポピュラリティを持ってきた。以下、それを時代をさかのぼりながら見て、それを元に、風景とわたしの関係を論理づけてみよう。

〈わたし〉から開闢される世界──永井均

　まず、永井均を取り上げる。永井は、1951年生まれ。1990年代以後、現在に至るまで旺盛に活躍する哲学者である。永井が問題にするのは、わたしという、世界に一つしかないような独特の存在がどうして存在するのかという問題であり、彼は、そこから、世界や現実の問題を論じる。それは、まさに外界と主体の関係であり、風景とわたしの関係である。

　彼はわたしを〈わたし〉と、〈　〉という山形カッコに囲んで書くが[1]、それは、単なるわたしではなくて、わたしとしてわたしに感知されているわたしである。ややこしいが、普遍的なわたしというものは存在しない。いま、この文章を書いている寺田匡宏にとってはこの寺田匡宏が〈わたし〉だが、寺田匡宏は、いまこの文章を読んでいるあなたにとっては、〈わたし〉ではない。あなたにとって、寺田匡宏は彼であり、あなたにとっての〈わたし〉とは、たとえばあなたがＸ山Ｙ子さんだとしたら、そのＸ山Ｙ子さんであるところの〈わたし〉である。永井は、そのような〈わたし〉が誰にとっても存在することが、哲学の最も基本問題であるという。

　〈わたし〉とは、そこから世界が開けている場である。そのような〈わたし〉がなければ、世界は存在しない。他人と違うこの〈わたし〉が存在

するということを永井は「世界の開闢」と呼び、そのような〈わたし〉が存在することを「開闢の奇跡」であるという。この〈わたし〉は、過去や未来と異なる〈今〉が開闢しているのと相同であり、〈わたし〉と〈今〉はある意味でセットになっている（永井 2004: 41-42 頁）。

　〈わたし〉が存在することが、世界が存在する基本的条件である。「まずは、ただそこからのみ世界が初めて開かれるきわめて特別な唯一者が存在しなければならない」と永井は言い（永井 2022: 123 頁）、その上で、その唯一者とその他の複数のものたちの間に線が引かれる形で世界が作られていくという。唯一の〈わたし〉と、その他の存在の間には、大きな断絶がある。〈わたし〉の〈わたし〉を、誰も知ることはできないし、あなたの〈わたし〉は、あなた以外の誰が知ることもできない。これを永井は「開闢的な断絶」と呼ぶ（永井 2022: 126 頁）。

　開闢的断絶があるから、「世界そのものは客観的に存在しているとしても、その表象のされ方はそれぞれが他を圧して完璧に唯一的であるというあり方をせざるを得ない」（永井 2022: 126 頁）。彼は、そのような断絶の中において存在する〈わたし〉の在り方を、「独在性」、あるいは、「しかなさ」という（永井 2022: 149 頁以下）。ただ、この独在性や「しかなさ」は、それがなければ世界というものが存立しえないという点で、この世界の必要条件である。

> この〈それ〉——独在性、あるいは「しかなさ」のこと（引用者・注）——は、たとえ、〈それ〉から開けている世界以外の、他者の世界や客観的な世界もまた実在しているとしても、もし〈それ〉が存在しなければそのようなことを知ることも思ってみることさえもできず、結局のところは全く何もないのと同じことになってしまうような、そのような〈それ〉（……）である。（永井 2022: 223 頁）

モニズムとは主観と客観の分離の否定であるが、永井は客観的世界の存在を否定はしていない。だが、彼がいう客観的世界とは、あらゆる〈わたし〉の〈わたし〉がコミュニケーションを通じて互いに伝達されて、互いの間で構成された、最大公約数的なものであり、言語その他のメディアによって構築されたある種のイリュージョンであろう[2]。その意味では、客観的世界の存在は、〈わたし〉と切り離されることなく、〈わたし〉から開けているのであるから、〈わたし〉と客観的世界のデュアリズムというよりも、これは、〈わたし〉のモニズムといえる。

　永井は、今日、日本でもっともよく読まれている哲学者の一人である。その著書は共著などを含めると 50 冊近くになり、雑誌の特集なども行われている。高い水準を保ちつつ、同時にポピュラーでリーダブルな文章を書く人である。そのような人がモニズムを唱えて広い読者を獲得している。

有情の風景と知の呪縛――大森荘蔵

　永井の少し前、1970 年から 1990 年代にかけて、モニズムを論じたのが大森荘蔵（1921―1997 年）である。

　大森は、科学の見方と日常の見方のギャップを問題にした。「科学の論理は、世界は人間の知覚とは独立であるという考え方に依拠しているが、それは間違っている」と彼ははっきりという（大森 1976: 39 頁）。その上で、彼は、科学というレイヤーをはいだ時に現れる世界の在り方を探ろうとした。世界は、重ね書きとして立ち現れるというのが彼の考え方である。

　彼は、ずばり風景を問題にする。彼は、風景が見えているという言い方に、風景の独特の在り方が現れているという。風景は「見えている」のではあるが、それは、「見る」というわけではなく、「見えている」と表現される仕方でしか表現されない（大森 1976: 20 頁）。「見えている」という中動態的なありかたで、風景は、人間と結びついている。

第3節　モニズムとしての風景

　私の気分等に依存しない風景の相貌がまずあり、それがわたしの眼鏡や気分等で変調されると言った考えは不可能である。無情の風景に情を感じるのではない。風景そのものがまず有情なのである。（大森 1976: 35 頁）

　風景とわたしとはそれぞれ独立に存在しているのではない。そうして、そもそも、風景は、有情であるから、私はその有情を感じているのである。それを、彼は「共変化」という（大森 1976: 47 頁）。外界と感情は一続きであるので、共に変化する。

　私は虚空の中で悲しむのではなく、家の中で、街の中で、車の中で悲しむのである。そして多くの場合私が悲しむのは、そういう私をとりまく世界の中に何かが起こったからである。そしてその世界が悲しみの相貌を帯びるのである。（大森 1976: 61 頁）

　わたしと環境が、互いに独立した存在と考えるのならば、わたしと風景とは無関係である。しかし、わたしは、環境とは独立していない。わたしが、存在するということは、すでにして、環境の中に存在するのであるから、わたしと環境、つまり風景は切り離し得ないことになる。そうなると、環境の中で起きたことは、わたしの中で起きたことである。

　私の「心」というものがあるとすれば、この「ここにいる私」と「そこに見える風景」がつくる全状況が「私」である以外にはない。「私の内に」ある心などはどこをさがしてもないのである。（大森 1976: 72-73 頁）

　もし「心」なるものがあるとすれば、それは「ここにいる私」を包ん

で果てのない時と空間に拡がるこの全宇宙なのである。(大森 1976: 77頁)

　彼はこう言うが、わたしという、環境から切り離された秘私的な境域があるのではなく、あるのは、環境の中においてある外界と連動し、それに反応しているある主体であるというのである。いや、そういう言い方すら正しくない。環境がすでに主体なのであるから、わたしはすでに環境の中に秘されているのである。
　この根源的な現実は、しかし、科学によって覆い隠されている。それを批判して大森は、「知の構築とその呪縛」と言う（大森 1998［1983］）。ここでいう「知」とは、近代科学知のことである。たしかに、科学は縛りではあるが、それが「呪い」であるかどうかは見方によるところであろう。科学が呪いであるのならば、科学が、人間の福利厚生をこれほどまでに改良し、様々な幸福を人間にもたらしているのは、何かの呪いなのであろうか。もちろん、科学には大きな負の側面もある。その負の側面を直撃されたような人々——核爆弾や水俣病の被害者など——にとっては呪いであることを忘れてはならないが、しかし、科学が人間にもたらした正の側面も忘れてはならないだろう。
　大森の立場は「立ち現れ一元論」と呼ばれることが多いが、小林康夫はそれを「ラディカル・モニズム」という（Kobayashi 2020: 656）。ラディカルとは、根源的であるという意味であるが、同時に、過激というようなニュアンスもあろう。「呪縛」とまで言うのは確かに過激と言えば過激である。しかし、それ以外に関して言うならば、しごくまっとうな考え方である。
　大森も、日本でポピュラーな哲学者である。活躍当時、多くのメディアに登場し、東京大学の教授であり、岩波講座などの講座のオーガナイズも任されるなど、学界のリーダーでもあった。知的世界にも幅広く影響を持ち、坂本龍一との哲学対談が共著になるなど、世代を超えた影響を持った。

日本の知的世界の代表的出版社の一つである岩波書店から全十巻に及ぶ著作集が刊行されているが、それは、知識人としての社会からの高い評価のあらわれともいえよう。そのような人がモニズムを堂々と唱えている。

外に出ている私と風土──和辻哲郎

　さらにさかのぼるとおよそ 90 年前に和辻哲郎（1889-1960 年）は『風土』（1935 年）の中で、「主観と客観の区別は誤解である」と言った（和辻 1962［1935］：9 頁）。これもモニズムである。

　この『風土』という本は、モンスーン、砂漠、牧場の環境における人間の三類型を提唱したことで有名である。この本は、人間と環境が分かちがたく結びついているために、人間が外界と呼応した性質を帯びることを示したものである。一般的には、人間が環境に影響されて、そのような性質を帯びると考えられているだろう。『風土』を読んだ人もそのように思うかもしれない。しかし、和辻は、そうは考えていない。環境と人間はダイレクトにつながっており、いわば「二にして一」の関係にある。そのような関係にあるから、外界の環境が人間のタイプとして人間にあらわれていると彼は考える。

> 人間は単に風土に規定されるのみでない、逆に人間が風土に働きかけてそれを変化する、などと説かれるのは、（……）まだ真に風土の現象を見ていないのである。（和辻 1962［1935］：10 頁）

　和辻はこう言う。風土に規定されたり、風土に働きかけたりすると考えることは、風土が人間とは別個に存在していて、人間は、それに働きかけたり、規定されたりすると考えることである。和辻が否定するのは、そのような考え方であり、それは真の風土の現象ではないと彼は言う。風土とは、働きかけたり、規定されたりするような、人間と別個にあるものでは

ない。風土とは、人間そのものだと彼は言う。人間の主観と客観が分かれていると考えるのが、風土が人間とは別個に存在すると考えることである。しかし、そうではなく、和辻は、人間と風土は分かれていない、即ち、主観と客観は分かれていないという。そのメカニズムを和辻は、寒さを例にして説明する。

> 主観客観の区別、従ってそれ自身単独に存立する「我々」と「寒気」との区別は一つの誤解である。(……) 寒さを感ずるとき、われわれ自身はすでに外気の寒冷の下に宿っている。我々自身が寒さにかかわるということは、我々が寒さの中に出ているということにほかならぬのである。(和辻 1962［1935］：9頁)

　寒さを感じるとわたしたちは言うが、じつは、寒さを感じるとき、それは、寒さという自分とは独立した個別存在に、わたしというこれまた独立した個別存在が触れているというわけではない。寒さという個別存在など、どこにもない。寒さを探してみても、それはどこにも見当たらないはずだ。では、寒さとは何なのか。和辻は「最も根源的に「外に在る」ものは、寒気というごとき「もの」「対象」ではなくして、我々自身である」という(和辻 1962［1935］：10頁)。われわれは、寒いと感じた時、「皮膚の内側の領域にあるわたし」というようなものの中にいて、そこから外の寒さを触ったりしているわけではない。皮膚は、わたしたちの内に向かっていると同時に、外にも向かっている。外に向かっているその皮膚は、外部に出ているわたしであろう。和辻は、「そこにおいて、我々は、すでに、外に、すなわち寒さのうちへ、出ている己れを見るのである」というが(和辻 1962［1935］：10頁)、つまり、わたしは、寒いと感じるとき、その「外に出ているわたし」、その「寒いそこ」に出ているわたしに出会うのだ。
　和辻は、風土という現象を「自己了解」であるという。自己了解とは

「人間が己れを見出す仕方」である（和辻 1962［1935］: 10 頁）。決して、風土とは、外部にあって、人間に影響を与えるものではない。あるいは、人間が、ながめたりできるものではない。そうではなく、人間が己を見出す見方であるから、風土において、人間が見出すのは外部の自然環境ではなく、むしろ、自己という内部の在り方である。風土とは、自己了解であるということは、わたしのありかたそのものが風土なのである。

　これも、モニズムである。和辻哲郎は日本を代表する哲学者で、彼もまた岩波書店から全 27 巻の全集が出ている。彼が 1935 年に刊行した『風土』は、岩波文庫に入り、現在でも現役で刊行されており、その刷り数は、2024 年現在 68 刷に及ぶ。大森にもましてポピュラリティを持つ哲学者である彼もまた、モニズムを正面から唱えている。

意識が唯一の実在である──西田幾多郎

　さらにさかのぼると、西田幾多郎（1870-1945 年）も約 110 年前にモニズムを唱えていた。彼のはじめての著書である『善の研究』（1911 年）では、彼は、「個人あって経験あるにあらず、経験あって個人あるのである」（西田 2012［1911］: 6）とのべ、経験の立場から世界の現実を説明しようとした。この「経験」とは、モニズムの一種の「汎経験論（パンエクスペリエンシャリズム pan-experientialism）」のいう「経験」であり、世界には精神や経験がまず普遍的にあるから、われわれは精神や経験を持つことができるという考え方である。

　経験は、意識現象とも言い換えられる。彼は、「意識現象が唯一の実在である」（西田 2012［1911］: 71 頁）と述べ、実在とは意識現象であって、決して客観物である実在が独立に存在するのではないという。

　　普通には主観客観を別々に独立しうる実在であるかの様に思い、この
　　二者の作用に由りて意識現象を生ずる様に考え居る。したがって精

神と物体との両実在があると考えて居るがこれは凡て誤である。主観客観とは一の事実を考察する見方の相違である、精神物体の区別もこの見方より生ずるのであって、事実其者の区別でない。（西田 2012［1911］：81 頁）

　このように西田はいうが、主観と客観とは見方の相違であるという。何かを見ているのは、たしかに、ある主体であるが、その主体は意識現象そのものであり、その意識現象の中に主観と客観が含まれているのである。言い換えれば、わたしも、外界も、共に、意識現象の中にある。
　彼は、「自然とは、具体的実在より主観的方面、即ち統一作用を除き去ったものである。それ故に自然には自己がない」（西田 2012［1911］：110 頁）ともいう。彼がここで言っている「自然」とは、現代の語でいう「環境」である。あるいは、「客観的外部」ともいえるし、ここまでの引用の文脈に即していうと、単に「客観」ともいえる。彼が言っているのは、実在から主観を引いたものが客観であるということである。この関係を式に表すと次のようになる。

　　　（客観）＝（実在）−（主観）

これを移項すると次のような等式が導かれる。

　　　（実在）＝（主観）＋（客観）

　つまり、これは、この項の冒頭での引用ですでに見たように、実在とは主観と客観の両者を含むものであるということであって、通常考えられているような、実在とは客観物であり、主観とは、その客観物と切り離されてそれを見ている別の実在であるという状態、つまり、「客観＝実在」、

第3節　モニズムとしての風景

「主観＝客観を見ている別の実在」ということではない。そうではなく、あらゆる実在とは主観と客観からなるものなのであり、実在の中にすでに主観と客観が含まれているのである。

　これもモニズムである。西田もまた、日本を代表する哲学者の一人である。日本近代の哲学を作った重要な人物であり、もし、日本の近代を代表する哲学者を一人選べと言われたら、多くの人が西田を選ぶかもしれないくらいである。彼の全集もまた岩波書店から何次にもわたって刊行され、つい最近の2000年代にも新編纂の全24巻の全集が刊行されている。世界的にも注目を浴びており、おそらく、日本の哲学者の中で、もっとも外国語に翻訳されているのは西田の著書であろう。そのような人物の哲学の基盤にモニズムがある。

モニズムから風景の壊れをとらえる

　以上を踏まえると、風景が壊れるとき、わたしが壊れると考えるのは、当然の道理だと言える。永井がいうように、世界は〈わたし〉の開闢とつながっているのであるし、大森がいうように、そもそも世界の相貌は有情である。そうして、和辻がいうように、わたしたちは外に出ているのであるから、寒さだけではなく、災害の際には、災害の壊れそのものの中にわたしたちは出ているのである。西田がいうように、わたしという実在には、その壊れた風景を見ているわたしとその壊れた風景が含まれている。だから、そもそも、災害で風景が壊れているとき、わたしも「また」、ではなく、わたし「は」壊れているのである。

モニズムへの傾きという日本的（東アジア的？）特質

　日本では、過去約110年間、ほぼ継続的に代表的な哲学者がモニズムを唱えてきた。それらの思想家が、モニズムへの傾きを共通して持っており、日本の知的世界の中で広く受け入れられてきたことは、日本の特徴といえ

るだろう。一方で、科学の進展があり、それに立脚したデュアリズム的な世界が広がっている中で、もう一方には、モニズム的な主観と客観の区分を問い直すモニズムが営々と唱えられてきていた――日本は東アジアの一部なので、これは東アジアの特質と言えるかもしれないが、ただし、それを言うためには、韓国や北朝鮮、モンゴル、中国、台湾、香港の哲学のこの1世紀、すなわち近代の歴史を概観しなければならない。

　日本の状況は、たとえば、アメリカの場合と比べると顕著さが浮き立つ。アメリカにおいて、代表的な哲学者たちがモニズムを約1世紀にわたって継続して唱え続けてきたということはない。むしろ、アメリカの場合は、自然科学に立脚しデュアリズムの二元性を前提とするナチュラリズムが基本である。ウィラード・ヴァン・オーマン・クワイン Willard Van Orman Quine、ヒラリー・パトナム Hilary Putnam、ドナルド・デヴィッドソン Donald Davidson、ジョン・サール John Seale、リチャード・ローティ Richard Rorty など現代のアメリカの代表的哲学者が、ナチュラリズムに立脚していることはよく知られている（大庭 2009、小林 2009）[3]。

　とはいえ、モニズムの哲学的言説が脈々と存在してきた日本だが、科学主義、ナチュラリズムは、日常生活に広く入り込んでいるので、日常の世界においては、科学のデュアリズムが主要な世界観であるのも事実である。モニズムを理論化した語りは哲学として存在したが、それと一般公衆の間には距離があったかもしれないし、科学とうまく結びついていなかったともいえるかもしれない。

第4節　環境と意識の科学――科学とモニズムの歩み寄り――

　近年、意識の科学が長足の発達を遂げ、その結果、モニズムへのあらたな注目が生まれている。認知科学や脳科学、AIを含むコンピュータサイエンス、動物の行動学や認知進化学など、意識現象をめぐるさまざまな学

問が、様々な技術を駆使して意識現象を明らかにしようとしているが、そのような中で、意識とは意識だけでとらえられないということが分かってきたのである。意識を意識だけでとらえるとは、意識を外部から切り離すことであり、それは、主観を客観から切り離すことである。しかし、意識を調べていくと、意識とは、外部と切り離されたものではないことが分かってきた。

　意識は、要素に還元できるようなものではなく、諸要素の関係性の中で生じる現象である。たとえば、脳科学においては、脳を単体でとらえることよりも、「社会脳」と言われるように、社会関係の中でとらえるとらえ方が生まれている。認知科学においては、「エナクティヴィズム enactivism」や「エンボディメント embodiment」と呼ばれる潮流があるが、それは、身体や行為の文脈の中に、意識や認識作用が埋め込まれていることを強調する。さらには、動物の認知研究や、認知進化研究は、意識が人間に限られてはいないことをさまざまに明らかにしている。いきものの中に意識を認めるとなると、意識は、ほぼ、この世界中に遍在するということになろう。人間の意識は、そのような偏在する意識の中において存在するのであり、それは、人間の意識のみならず、あらゆる自然界の中にある意識のネットワークの中でとらえられるべきであるということにもなろう。「パンエクスペリエンシャリズム（汎経験論）」については、前節の西田の項で触れたが、このような考え方は、「パンエクスペリエンシャリズム」とも「パンサイキズム panpsychism（汎精神論）」とも呼ばれる。西田幾多郎の「経験があって個人がある」という考え方は、まさにそれだし、大森荘蔵の「有情としての風景」という考え方もその考え方である。

　つまり、意識現象を広くとらえようとしたとき、心身を分離するデュアリズムの見方ではうまくいかないことが明らかになってきており、それを乗り越えるために、モニズムが必要となっている。学術の世界の一部では、教科書や概説書レベルにおいて、もうすでにそのような視点がくみこまれ

るに至っている。英語圏を見ると、たとえば、『オックスフォード・ハンドブック意識の哲学』、『ラウトレッジ・ハンドブック意識』、『ブラックウェル・コンパニオン意識』には、モニズムやパンサイキズムを論じた章が設けられている（Kriegel 2020, Gennaro ed. 2018, Schneider and Velmans ed. 2017）。

日本語圏でも同様で、東京大学出版会の『認知科学講座』全4巻を見ると（嶋田編 2022、川合 2022、鈴木編 2022、横澤編 2022）、「われわれが「心」として理解しているものの根幹にあるのは、身体と環境の相互作用を通じて発現する行為とその能力にほかならない」（田中 2022: 238 頁）、「広い自然には、（……）身体化された主観、社会や文化、他者（の身体）などが複雑な文脈を構成しながら入り込んでくる」（長滝 2022: 227 頁）、「認知は脳と環境と身体のループの中で創発するものである」（鈴木 2022: 39 頁）などの記述があり、デュアリズム的視点からモニズム的な視点への転換が見て取れる。

おわりに

本章は「風景が壊れている、そして私も……」というとまどい、あるいは違和感から始まった。上記の「……」の中には、言語化しにくい、割り切れない思いがこもっている。このような風景とわたしの間の持てあますような感覚は確かに存在し、それは文学のような領域でしか扱いえないものであり、人文の領域の問題であるのも確かだ。しかし、それを人文の問題だと言っていたのでは、実際の災害の復興の現場で、取り残されていく問題があり続けるのも確かではなかろうか。

風景が壊れることは、わたしが壊れることであるから、仮に、物理的身体的に壊れていなかったとしても、壊れた風景の中にいること自体が、災害であるともいえる。そのような災害の側面は、これまできちんと見届けられてきただろうか。あるいは、わたしが壊れているからこそ、住み慣れ

たこの町から離れて別の場所に行くことができないという場合もあれば、住み慣れたこの町から別の場所にはなれたことで、わたしが壊れてしまうということもあろう。そういったときに、風景とその人を分けるのではなく、ひとつのつながった連続体として、つつみこんでとらえる視点があれば、そこにはまた従来とは違った復興や立ち直りの道筋や方法が見えてくるのではないだろうか。

　風景とわたしの間にあるつながりを、科学とは別の捉え方、つまり人文の捉え方でとらえ、それを再び科学の捉え方に繋げてゆくような在り方が求められている。人文と科学の関係性は、変わりつつある。そのようなとき、それを言語化してきた哲学におけるモニズム的立場の営為は参考になるだろうし、それが、科学の中に再び取り入れられている認知科学や意識の哲学の現在の状況は、災害への取り組みにもあるヒントを与えてくれるのではないだろうか。

　註
1)　なお、永井は一人称を「わたし」ではなく「私」と漢字で書くが、本章では一人称を「わたし」とひらがなで書いているため、ここでは、永井ならば〈私〉と書くところを、〈わたし〉と書く。
2)　このような世界の捉え方は、仏教の華厳宗の「インドラのネット」の考え方や、ニクラス・ルーマンの一般社会システム論の「二重の偶有性 Doppelte Kontingenz」の考え方などにも見られる。
3)　アメリカの哲学界にモニズムの伝統がないわけではない。そもそも、プラグマティズムを提唱し、アメリカ哲学の基礎を築いたウィリアム・ジェームズ William James（1842-1910年）は、「純粋経験 pure experience」を唱えたが、それは「世界の中にたった一つある基本となるもの」であり、そこから「考えられているもの」（客観）と「あるものについて考えていること」（主観）の二つが分化してくる。彼は、デカルトから始まる二元論を否定した（James 1987［1904］: 12-13, 16頁）。ジェームズの「純粋経験」は、西田幾多郎の『善の研究』の発想の源泉である（西田 2012［1911］: 19頁）。ハーバード大学で長く教鞭をとったアルフレッド・ノース・ホワイトヘッド Alfred North Whitehead（1861-1947年）が唱えたプロセス哲学は（Whitehead 1978［1927-1928］）、パンエクスペリエンシャリズムの代表的立場だと考えられている（Hens 2024: 80頁以下）。近年でも、モニズムの一種の

パンサイキズムに、トマス・ネーゲル Thomas Nagel（1937 年-）が、親和を表明し（Nagel 1979: Chap. 13）、デイヴィッド・チャルマース David Chalmers（1966 年-）が、その「誘惑」を語っている（Chalmers 2020: 353 頁）。

参考文献

大庭健 2009「自然主義からの"挑戦"」飯田隆・伊藤邦武・井上達夫・川本隆史・熊野純彦・篠原資明・清水哲郎・末木文美士・中岡成文・中畑正志・野家啓一・村田純一（編集委員）『岩波講座　哲学』15（変貌する哲学）、岩波書店

大森荘蔵 1976『物と心』東京大学出版会

大森荘蔵 1998［1983］『知の構築とその呪縛』大森荘蔵著作集 7、岩波書店

川合伸幸編 2022『心と脳』認知科学講座 2、東京大学出版会

グレーヴィチ、アーロン 1992『中世文化のカテゴリー』川端香男里・栗原成郎訳、岩波書店

小林道夫 2009「自然主義の限界と哲学の役割（認識論の観点から）」飯田隆・伊藤邦武・井上達夫・川本隆史・熊野純彦・篠原資明・清水哲郎・末木文美士・中岡成文・中畑正志・野家啓一・村田純一（編集委員）『岩波講座　哲学』15（変貌する哲学）、岩波書店

坂本龍一（総合監修）2012『アフリカの伝統音楽（Traditional Music in Africa）』commmons: schola（コモンズ・スコラ）Vol.11、エイベックス・マーケティング

佐藤弘夫 2014「聖なるものへ――超越の思想／抵抗の思想」苅部直・黒住真・佐藤弘夫・末木文美士（編集委員）『岩波講座　日本の思想』8（聖なるものへ　躍動するカミとホトケ）、岩波書店

嶋田総太郎編 2022『心と身体』認知科学講座 1、東京大学出版会

清水展 2024『アエタ　灰のなかの未来――大噴火と創造的復興の写真民族誌』京都大学学術出版会

シャーマ、サイモン 2005『風景と記憶』高山宏・栂正行訳、河出書房新社

上念省三 1997「風景が壊れている、そして私も……」笠原芳光・季村敏夫編『生者と死者のほとり――阪神大震災・記憶のための試み』人文書院

鈴木宏昭編 2022『心と社会』認知科学講座 3、東京大学出版会

鈴木宏昭 2022「プロジェクション科学」横澤一彦編『心をとらえるフレームワークの展開』認知科学講座 4、東京大学出版会

田中彰吾 2022「身体性に基づいた人間科学に向かって」嶋田総太郎編『心と身体』認知科学講座 1、東京大学出版会

寺田匡宏 2016「風景とともに立ち直る」寺田匡宏編『災厄からの立ち直り――高校生のための「世界」に耳を澄ませる方法』あいり出版

中井久夫 2004［1990］「世界における索引と徴候」中井久夫『徴候・記憶・外傷』みすず書房

永井均 2004『私・今・そして神——開闢の哲学』講談社（講談社現代新書）
永井均 2022『独在性の矛は超越論的構成の盾を貫きうるか』哲学探究 3、春秋社
長滝祥司 2022「科学・身体・他者——哲学的観点から見た関係性の認知科学の可能性」鈴木宏昭編『心と社会』認知科学講座 3、東京大学出版会
西尾実・岩淵悦太郎・水谷静夫編 1982『岩波国語辞典』第 3 版、岩波書店
西田幾多郎 2012［1911］『善の研究』改版、岩波書店（岩波文庫）
ベルク、オギュスタン 1990『日本の風景・西欧の景観——そして造景の時代』篠田勝英訳、講談社（講談社現代新書）
松村実編 1988『大辞林』三省堂
山本陽子 2014「聖なるものの誕生——見えない神々はどのように表され、隠されたか」苅部直・黒住真・佐藤弘夫・末木文美士（編集委員）『岩波講座 日本の思想』8（聖なるものへ 躍動するカミとホトケ）、岩波書店
ユクスキュル, ヤーコプ・フォン、クリサート, ゲオルグ 2005『生物から見た世界』日高敏隆・羽田節子訳、岩波書店（岩波文庫）
横澤一彦編 2022『心をとらえるフレームワークの展開』認知科学講座 4、東京大学出版会
和辻哲郎 1962［1935］「風土」和辻哲郎『和辻哲郎全集』、岩波書店、1–256 頁
Chalmers, David 2020. "Idealism and the Mind-Body Problem" in William Seager (ed.), *The Routledge Handbook of Panpsychism*. Routledge, New York; London.
Gennaro, Rocco J. (ed.) 2018. *The Routledge Handbook of Consciousness*, Routledge, New York.
Hens, Kristien 2024. *Chance Encounters: A Bioethics for a Damaged Planet*, Open Book Publishers, London.
James, William 1976 [1904]. "Does Consciousness Exist?," in William James, *Essays in Radical Empiricism*, The Works of William James, (Frederic Burkhardt, General Editor), Harvard University Press, Cambridge MA.
Kant, Immanuel 1998 [1781, 1787]. *Kritik der reinen Vernunft*, (Jens Timmermann, ed.), Felix Meiner Verlag, Hamburug.
Kobayashi, Yasuo 2020. "The Komaba Quartet: A landscape of Japanese Philosophy in the 1970s." in Bret W. Davis (ed.), *The Oxford Handbook of Japanese Philosophy*, Oxford University Press, Oxford.
Kriegel, Uriah 2020. *The Oxford Handbook of the Philosophy of Consciousness*, Oxford University Press, Oxford.
Nagel, Thomas 1979. *Mortal Questions*, Cambridge University Press, Cambridge.
Schneider, Susan; Velmans, Max (ed.) 2017. *The Blackwell Companion to Consciousness*, Wiley Blackwell, Chichester.
Whitehead, Alfred North 1978 [1927-1928]. *Process and Reality*, Corrected edition, (David Ray Griffin; Donald W. Sherburne, ed.), The Free Press, New York.

コラム3 ｜ 壊れた風景への旅

寺 田 匡 宏

　あの災害に出会った後の数年間、いや、十数年間、しばらく、壊れた風景への旅を繰り返していた。あの災害とは、1995年におきた阪神・淡路大震災のことだ。あの災害からもう30年がたっている。だが、しかし、どうして、いったい、ぼくは、壊れた風景を、繰り返し、たずねていたのだろうか。壊れた風景をたずねるとは、今にして思えば、壊れた風景の中に身を置くということであって、それは、災害に出会って壊れた風景の中で壊れてしまった自分というものを、もう一度、別の壊れの中に置き直すというような行為だったのかもしれない。あるいは、壊れを、壊れに重ね合わせていたのだろうか。それとも、まだ新しいぼくのその壊れを、過去の壊れの風化と重ね合わせることで、風化させようとしていたのだったのだろうか。

*

　ポーランドのアウシュヴィッツを訪ねる旅は二回した。どうして二回もそこに行ったのか、自分でもよくわからないのだが、一度行ってもよくわからなかったので、二度行ったというようなことだったかもしれない。そこは、広漠として、自己というものがその広漠の中に拡散し浸透してゆくような風景だった。百万人を超える人々が、工場のようにシステマチックに殺害されたというそこは、風景としか言いようのない場だった。そこに関わろうとしても、できることといえば、見ることしかできない。百万人以上が殺されるためには、相当の広さの場所がいる。当時は、見渡す限りの草原といってもよい広い草原に、バラックづくりの収容所があったはずだが、もうすでにバラックはなく、レンガ造りの煙突と、土台だけが、バラックの名残をとどめ、あとは、一面の青草

[コラム3] 壊れた風景への旅

写真1 アウシュヴィッツ（ビルケナウ）強制収容所跡地、ポーランド、オシフェンチム、撮影・寺田匡宏（2005年）。

の原が広がるだけだった。それを取り囲む有刺鉄線。その外と内とは、区画されているのだが、その間を沼地特有の白い霧がたゆたっていた。音はほとんどしなかった。そこは博物館にもなっているので、訪問者は一定程度いたはずなのだが、それだけ広い敷地になると、訪問者の姿は、ばらけてかき消えてしまう。壊れた風景と、一人で向き合い、耳を澄ますしかなかった。

*

　フランスの中部にあるオラドール村もそんな壊れた風景の一つだった。この村は、第二次大戦中に、ナチスによって村ごと破壊された。ある日、村を取り囲んだナチスは、村人に教会などの村の中心部施設に集まるように言い、その後、その村人たちを銃などで虐殺していった。生き残った人はほとんどいない。あとには、火をかけられ焼け落ちた建物の石壁だけが残った。戦後、復員した人々や村の関係者は、その村に住むことをやめ、その村のすぐ隣に新しい村を作った。その焼け落ちた村は、焼け落ちたまま保存され、虐殺の記憶をとどめ

175

写真2　オラドール村、フランス、オート・ヴィエンヌ県、撮影・寺田匡宏（2012年）。

るために残されることになった。村をたずねると、当時の姿そのままの建物や路面電車の軌道が錆びついて残っている。そこでも、たしかに時間は進行しているはずなのだが、そこには、生のある時間とは違った別の時間が進行しているようである。どうして、壊れた風景をそのまま残すのか。壊れた風景のかたわらで、その壊れた風景を見ながら、その後の生を生きるとはどういうことだったのか。一時期は、だれかのすみかであり、もしかしたら、いまも、まだだれか、あるいはなにものかのすみかであるかもしれない、その無音のそこを、雪の中、自分の靴の下で雪が踏みしめられる音を聞きながら、歩いていた。

*

　東北の津波のあとの風景の中に身を置いたのは、その災害が起きてから1年もたたない頃だった。その災害の時、関東の東の方に住んでいたので、あの揺れはかなりの強さで体験していたし、それに、あの揺れが収まったすぐ後から、テレビで、東北の光景はつぶさに見ることになってしまっていたのだったから、

[コラム 3] 壊れた風景への旅

写真3　防災対策庁舎、宮城県南三陸町、撮影・寺田匡宏（2013 年）。

　壊れた風景は、ぼくの中に、すでに入り込んでいたともいえる。だが、入り込んでいたといっても、それは、あくまで間接的なものであって、ぼくはそこに体で存在したわけではない。研究者のグループでたずねた旅だったが、車の中では、みんな押し黙っていた。たしかに、そこには行ったのだが、写真も撮っていないし、それを言語化もしていない。その 2 年後、今度は一人でその地を、時間をかけて旅した。南三陸町で見た防災対策庁舎は忘れられない。それが、そこに残されていることは知っていたが、それを見てよいものかどうか最後まで迷った。しかし、レンタカーはそのそこに吸い寄せられるように停車し、その庁舎の前に一人で立つことになった。夕方だった。うすぐらい辺りには誰もいなかった。庁舎の赤い鉄骨だけがそこに屹立し、あとは、乾いた石ころだらけの地面が広がっていた。赤いさび止めを塗られた鉄骨はまるで、理科室にある人体標本のように見えた。鉄骨からは、電線やコード類がむき出しになって垂れ下がっていた。それは、人体標本の中の、白い腱や赤や青色の血管を思い起こさせた。風景は、壊れていた。その壊れた風景が、残されていたのは、それをそこに残そうとする意志を持った人たちがいたからだったが、その残す意志とは、自分の中の壊れを風景の中に刻み付けようとする意志のようにも見え

177

た。そこでは、こころの壊れが風景の壊れとしてあり、そこに身を置くものは、それを瞬時に悟った。

*

　東北への二度目の旅を終えた後、あの災害の後、あの災害について十数年間書き溜めた文章をまとめて本を作った。その本を作った後、壊れた風景への旅は、なぜだか、ぴたりとやんだ。どうしてそれがやんだのか、そういうことが起きたのかは、よくわからない。そういうタイミングだったといえば、そういうタイミングだったのだろう。あるいは、もしかしたら、その本を書くことは、ある種の外部化作用であって、その本の中に、十数年分の壊れた風景の記憶が入っていったのだろうか。そういえば、その書き終えた本も、書き終えた後、ほとんど開いていない。

第 3 部

現場に関わる人文学と協働実践

第 9 章

試論　続発する災難ダイナミクスの時代と持続可能な地域復興
―― 人文知と寄り合う互恵の関係づくりを求めて ――

岡　田　憲　夫

は じ め に

　2024（令和6）年正月一日の午後。年の初めのめでたき気分が高まりつつあったそのタイミングで能登半島地域を未曽有の地震と津波災害が襲った。これだけでも「想定を超える」出来事であったが、なんと同じ年の9月に能登半島の被災地を観測史上最大の豪雨水害が追い打ちをかけた。地震や津波で被災した珠洲市、輪島市（門前町を含む）、能登町などの各地で河川氾濫や大規模な土砂崩れが起こり多くの犠牲者を出した。正月に被災し何とか立ち直ろうとしていた人たちにとっては地震と津波が重なり、少し間をおいて水害や地滑りが折り重なった。このような惨状をどう表現すれば良いのか？　頭に浮かんだ言葉が「天変地異」の出来事[1]であったが、筆者にはそこから掘り下げた考えは出てこなかった。
　テレビでは「こんなことがよりにもよって同じ年に起こり得るのか！」と被災された方が天を仰ぐようにつぶやいていた。「何とか立ち直ろうとしていたのに、心が二重に折れてしまう。」「先が見えなくなってしまった。これではもう先に進めない。」「住み続けようという気力が萎えてしまった。」「もうここには住み続けられないかもしれない。誰もいなくなれば村は亡くなってしまう！」と肩を落とす姿に胸が痛む。一人の人間として被災地に身を置き、寄り添い、ささやかでも今何かできることを模索するこ

とも試みたい。しかし、研究者・専門家の一人として持ち合わせているものを活かしてどのような関わり方をすればよいのか？

そこで筆者は長年のフィールド研究の経験を活かしてつぎのような「問い」に言いかえて検討してみたい。すなわち「このような多重の災害に打ちのめされた人たちが果たして復興の道を拓いていくことができるのか？」という問いとして研究者・専門家の関わり方を模索してみよう。「災害からの持続可能な地域復興」に資する、筆者なりの役割の模索でもある。以下は、そのように自ら問い、とりあえず紡ぎ出しつつある筆者なりの作業仮設を使った提案である。実は非常に「間接的で、遠回りで悠長な」実践的アプローチでもある。しかし簡単ではない。後述するように、災害の意味内容と接し方に関して、ある種の発想転換を私たちに強いる知的挑戦である。

第1節　「続発多重化する多様で複雑な災害（災難）」[2]

能登の被災地は今回の二重の自然災害だけに苛まれてきたのではない。その前から長くじわじわと真綿で締められるように進行してきた「過疎化」という「もう一つの社会的な災害」（難儀な社会的圧力）に慢性的に苦しんできたことにも眼を向けよう。すると、今起こっている「重なり続ける災害」は、いわば「続発し多重化する多様な災害」という「大きな括り方（見立て）」で捉え直すことが必要になるであろう。

「過疎化」は単に人口の流出に歯止めがかからず、高齢化、若年層の減少も止まらないことだけではない。むしろ集落コミュニティにおける「住み続けようとする誇り」や「取り組み力」が次第に失われていく社会的衰退に本質があると筆者は指摘してきた（岡田ほか2000）。関わる主体も多様で関係性も輻輳しており、自ずから「過疎化」は複雑な構造となっている。能登地域も例外ではないが、日本全国の「過疎市町村」は、平成の合併と

第1節　「続発多重化する多様で複雑な災害（災難）」

いう難儀な外圧にもさらされてきた。これも過疎化の変容と関係がある。であれば市町村合併もある種の災害に含めて考えることができる。

　もう一つ、近年に全国や世界全体にかけて降りかかってきた「コロナ感染ウィルスの蔓延」も災害に加えることが出来よう。もう少し広げてみると能登地域はこのような試練にさらされてようやく立ち直ろうとした矢先に今回の多重の自然災害という圧力が押しかかってきたことが分かってくる。そしてそのたびに「過疎化」も変容していくのである。であれば、過疎化に苛まれてきた能登地域は、「続発多重化する多様で複雑な災害（災難）」からいかに地域を持続的に復興させられるかという複雑で複合的な課題にいかにして実践的に応答していけばよいのであろうか。

　今年に重なった自然災害がある意味でその応答の仕方を厳しく問い直す契機となりうる。私たちに災害復興について発想転換を迫ることにもなるであろう。災害はある意味ネガティブな出来事であるが、備え方や向き合い方しだいで、乗り越えた人々と地域にとっては、社会の構造自体が揺らぎ、結果として地域の変革につながっていく。そういうポジティブで創造的な見方もあり得るのである。

　筆者は40年近くにわたって鳥取県智頭町の集落コミュニティを生きた現場としてそのような社会変革モデルの実践的生成のエビデンスを積み上げてきた。能登地域と智頭町とは山間過疎地域という共通性もあるが、地勢・風土・歴史など互いに異なるところも多い。したがって以下で紹介する智頭町で築いてきたアプローチが、能登地域の地域復興プロセスに直截に当てはまるとは考えづらい。その意味で提案するアプローチはあくまで「間接的」である。

第2節　「日本ゼロ分のイチ村おこし運動」という　まちづくりアプローチ

　鳥取県智頭町は典型的な中山間地域である。筆者は1985年ごろに地域の有志の人たちの誘いを受けて関わるうちに気づいた。どのようにハードの社会基盤の整備を行政主導で進めても、地域に住み続けようという主体的な意思を持つ住民がいなくては埒があかない。どんな地域にしたいのかを住民自ら考え、行政も巻き込んで変えていくやり方はどうすれば可能なのか。つまるところ地域の総合的な取り組み力（地域力）を住民自ら戦略的に高めていけるかどうかが鍵となる。もちろん智頭町でも自然災害は難題の一つであったが、行政が主としてハードで対策を打つことで（これまでの）災害は未然に防いできた。しかし、（災害も含めた難題に打ち克って）住み続けようという意志と行動力を住民たちが失うとき、行政主導のハードな対策は効果が発揮できない。筆者らも加わった学習会を繰り返すことで、そのことに気づく住民有志が育ってきた。

　そうこうするうちに、難題をいくつも抱える地域にとって防災は最優先課題にはなかなかなりにくいことを筆者は肌で実感した。むしろ地域の人たちが最も切実に思っていることに優先的に取り組み、そこを入口にして他の課題に取り組む。そのうちに防災が中心的なテーマとなるときがくる。要は、地域が抱える多様で輻輳するまるごとの課題を少しずつ解きほぐしていく成功体験を積み上げることで「地域が抱える多重で複合的な災難」に向き合う取り組み力がレベルアップするのである。

　こうして編み上げたユニークなまちづくりアプローチが「日本ゼロ分のイチ村おこし運動」であった（岡田2015、Okada 2018）。最初に、住民有志が提案した事業案を町当局が採用して進めてきたものである。筆者もアドバイザー兼研究者として支援してきた。「暮らしやすい地域を目指して自ら集落（地区）を少しずつ変えていくまちづくり」を進めてきた経緯があ

第2節 「日本ゼロ分のイチ村おこし運動」というまちづくりアプローチ

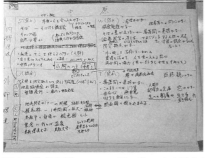

図1　集落地区レベルのゼロ分のイチ村おこし事業応募へ向けての住民と専門家による合宿ワークショップ（2007年秋　於 山郷地区）

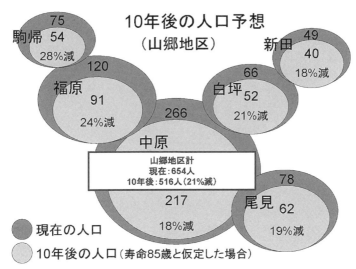

図2　地区住民が割り出した10年後（2017年ごろ）の山郷集落地区の人口予想

185

第 9 章 試論 続発する災難ダイナミクスの時代と持続可能な地域復興（岡田憲夫）

四面会議
図作成の
様子

人材、交流、地産地消、マネージメントの4つのテーマ設定で1年後、3年後、5年後までの計画づくりを行った。

★2002年には1年間かけて、27回に及ぶ役員会を開催した。四面会議も活用し、活性化計画書を作成、町の承認を得て活動がスタートした。

四面会議図(確定)
2012年(ゴール)

図3　四面会議の作成の様子（2007 年秋 於　山郷地区）

2008年5月山郷村開村式

図4　四面会議の成果の実施の光景（行動計画の第一ステップ）

る。その過程で四面会議（システム）という参加型ワークショップ技法も開発した（岡田 2015）。この有用な技法を用いながら、行動計画を住民自らが共同で作り、小さく着実に集落の課題に協力して取り組み、住みやすい地域に変えていくのである。これを 10 年かけて実践していく住民主体

第2節 「日本ゼロ分のイチ村おこし運動」というまちづくりアプローチ

	3ヶ月	1年後	2年〜その先
協議会	仮組織設立、イメージづくり、勉強会、規約案、代表役員選任、イベントの計画、今後のスケジュール ⇒協議会設立	計画策定 (売りの発掘、表彰制度、10年後を見据えた互恵システム計画、山郷まつり) ⇒山郷再生シンポ開催	進行管理 新山郷創造の企画
交流	総合防災訓練の実施 運動会の実施 ⇒「杉っ子バス」との連携 テント市場の設置	バス停へのトイレ整備 健康あぜ道ネットの整備 ウォーキングマップ作成 山郷ニュースの発信	自主防災組織設立 他地区との連携強化 防災拠点・交流拠点機能の強化
人材	登録・企画作成 イベント協力要請 料理・そば・みそ・パン・木工	人材発掘・登録 ・人材バンクの経営計画 ・公民館、区長、インターネット、無農薬農業、芸能、宿泊施設、観光ガイド	セミナー実施 研修 達人発掘
地産	イベント実施 特産品販売、そば打ち体験、山郷食材料理、峠の陶芸体験 生産可能性調査(人、物)	出店出品プロモーション 新商品の開発 試食コンテストの実施	生産販売システム確立 人材確保・販売所拡大 地域内での原料調達

図5 山郷地区協議会の設立の合意と10年間の実践行動計画表(四面会議ワークショップの成果)

の社会変革事業である。

　最初の10年は基礎集落レベル、次の10年は谷筋に沿った集落地区レベルで実施された。応募制で、最初は集落レベル。旧来的な自治会とは別に事業実施のための協議会を作っておくことが要件とされた。次の10年はさらにハードルが高くなり、応募に当たっては集落地区レベルで協議会を作ることが求められた。このようにして「地域を小さく着実に変えていく行動計画」を住民自らが共同で作り、10年かけて実践していった。地域イノベーションの場として機能したのである。「地域力」が鍛えられる現場でもあった。このようなホップ、ステップの長い下地づくりがあったからこそ、次節で述べるように、近年に発生した災害への対応において自発

的な地域力の発揮が可能になったのである。

第3節　西日本豪雨で発揮された鳥取県智頭町集落地区の地域力

　2018年の西日本豪雨はこの山間地域も襲った。土砂災害、浸水被害、道路崩落など多くの被害が発生した（国交省2018、山本2018など）。地域の人たちにとっても「ただならぬ豪雨」であった。幸いなことに人命にかかわる被害は免れた。行政が決めた「指定避難所」に逃げないことを選択した集落もあった。指定避難所へ逃げる途中で被災する可能性もあった。ある地域集落では、「未曽有の災害」があり得ると考えて日ごろから話し合って防災隣組の班長と連携の仕方が決めてあった。決めた簡単なルールに基づいて、担当者が豪雨により近隣に異常な状況がないかを点検して連絡しあった。班長のリーダーシップで近隣のより安全と判断される施設に自主避難した。中には、あえて避難せずに自宅に留まる選択をしたところもあった。日ごろから自家発電などを備えてあったという。外部から訪れる人たちに自宅で民泊のサービスを提供してきたため、「まさか」の事態に対して意識が高かった方である。この方も含めて地域集落にリーダー的な判断をする役割の人がいて、連携と誘導が的確になされた。

　しかし、たまたまうまくいったこともあり得る。改善すべきこともあろう。幸い、筆者は後から集落の方に招かれて反省学習会を四面会議のワークショップ形式で行うファシリテーター役を務めた。豪雨時に近くの川、道、崖などを点検する場合には、万が一のことを考えて二人以上で行うべきであったなどの反省点が共有できた。この集落では以降も、二カ月に一度は集まり続けている。高齢化などで変化していく各家庭の状況も踏まえた実践可能な避難の仕方を皆で学習しながら少しずつ手直しをしている。興味深いことに、このような住民の自発的な動きを町当局も支援し、防災

対策に反映させていこうとする対話学習の場づくりが少しずつであるが生まれつつある。

　ここで確認しておきたいことがある。このように自発的な集落レベルの防災対策が可能になったのは地域の総合的な取り組み力（地域力）がしっかりと整ってきたからである。なにしろこの地域ではもともとは防災にはあまり関心が向かなかったところだったのである。

第4節　続発する災難ダイナミクスの時代と持続可能な地域復興

　筆者は上述した鳥取県智頭町のほかに、たとえば長野県飯田市において、戦後から現在にいたる戦略的なまちづくりの実践プロセスを研究してきた（岡田 2021）。この二つの地域は異なる点も多い。飯田市は智頭町より行政も戦略的にリーダーシップを発揮している。住民の応答力も半端ではない。特に「公民館方式」による住民の地域学習に基づく集落地区の社会変革が成功してきたという特徴がある。大きな災害（1947年の飯田市旧市街の大火や1961年の天竜川の水害など）から立ち直るだけではなく、これを改革の契機とし、時代の流れに乗ってしたたかに社会変革を順々に成し遂げている。災害をバネに戦略的に地域を復興していくという点で飯田地域は智頭町よりもはるかに先を行っている。

　しかし一方で両地域ともに自然災害以外の「災難」を生き抜いてきている点で多くの共通点がある。人口流出や高齢化などの人口変動や市町村合併という社会制度変革、グローバリゼーションなどの、地域社会を揺り動かしかねない衝撃（ダイナミクス）に苛まれてきている。最近では気候変動やメガ災害が日本列島のどこであっても共通に降りかかってくるダイナミクスである。地域の側からみると、自然災害も含む多様な「続発する社会を揺るがす衝撃力」は広い意味での災害（「災難」と呼ぼう）を引き起こ

第9章　試論　続発する災難ダイナミクスの時代と持続可能な地域復興（岡田憲夫）

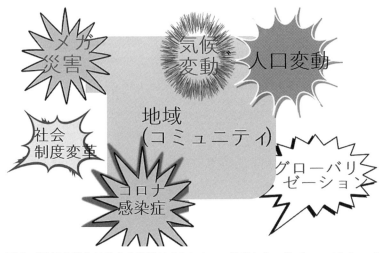

図6　「地域を襲う続発する災難ダイナミクスの時代」というパースペクティブ
　　（岡田 2021）

すダイナミクスでもある。一方で地域が生き残り、（共に生きよい方向に）変われるのかを迫るダイナミクスでもある。長期的な視野から「災難転じて社会変革」につなぐ地域力を持ちうるかどうかが地域の持続可能な発展の鍵になるはずである。

　注目すべきは、二つの地域がいずれもこのような続発する社会を揺るがすダイナミクスを逆手にとって住民主導の戦略的なまちづくりを推進してきたという点である。いや、これは両地域に限ったことではない。我が国だけのことでもないはずだ。筆者はこのようなダイナミクスを「続発する社会を揺るがす衝撃力」（Persistent Disruptive Stressors, PDSs）と呼び、地域はその衝撃を絶えず受け続けているとみなす見立てを提案している（図6参照）。「続発する災難ダイナミクスの時代」に生きており、各地域はそこを乗り越えながら、総合的な意味で生きよい方向に進む。これこそ「持続可能な地域復興」を遂げていくことそのものである。世界では今、SDGsが世界的共通課題とされているが、自然災害をはじめとする災難ダイナミク

スに苛まれてきた我が国こそ、これを今世紀の新しい地域振興と復興のテーマとして実践も含めて主導していくべきであろう。

第5節　SMART Governance という「適応的なまちづくりアプローチ」

　PDSs を絶えず受けながら、地域において SMART Governance という「適応的なまちづくりアプローチ」を取り入れて、地域の改変の推進力に変えていく方法論を提案したい。SMART Governance は「小さく始め、ささやかな力を合わせて、先手でしかも手直ししながら、リスクに機敏に応答できる形で、結果として社会を変えていく戦略的なまちづくりガバナンス」を意味している。(S＝small and solid, M=modest and multiple, A＝anticipatory and adaptive, R＝risk-concerned and responsive, T＝transform つまり SMART Governance である（Okada 2018))。　このような見立てをとると、実は我が国の地域の多くにも当てはまると推察できる。筆者と共同研究を行っている我が国をはじめ欧州や米国、アジア地域などの多様な専門の研究者からも関心が寄せられている（Okada 2020・2021）。

むすびに代えて
――コロナ禍も加わった続発する災難ダイナミクスの時代の地域復興――

　コロナ禍が我が国のみならず世界各国を席巻したことは私たちの記憶に新しいところである。コロナ禍という災難ダイナミクスは、グローバリゼーションと不可分である。グローバル、国レベル、地域レベル等、異なるレベルとスケールで人口変動や社会制度変革のダイナミクスも起きている。ここに気候変動も関わる豪雨水害などが重なっている。多様な境界を潜り抜けて派生し複雑にからみあった「システミックリスク」が顕在化し

ている。災害も含めた社会を揺るがす多様な衝撃力が作用する時代(「続発災難ダイナミクス時代」)を私たちは生きているのだ。一方で地域が生き残り、(共に生きよい方向に)変われるのかを迫るダイナミクスでもある。長期的な視野から「災難転じて社会変革」につなぐ地域力を持ちうるかどうかが地域の持続可能な発展の鍵になるはずである。このような包括的でダイナミックな問題設定が現実味をもってきている。2024年に発生した能登地域の多重災害から新しい地域復興につながる実践知をそのような枠組で編み上げていくことが私たち研究者にも求められているはずだ。

　本論では、筆者のこれまでの実践的研究体験を踏まえて次のような可能性を提示した。まず当該の地域の人たちが災害を乗り越えて生き抜いていくための「希望」と「誇り」を〈自分たちのことばで表現し合える場〉を作ることが先決である[3]。それは「共に生き良い地域」として小さく着実に復興し続ける創造的で戦略的なまちづくりなのだ。そして10年先を見据えて共にステップ・アップする。その成功体験をベースに次の10年先にも向ってネクスト・ステップ。このような10年、20年先を見据えた「持続可能な地域復興」とそれを支える「地域力」を戦略的に向上させていく成功モデルを積み上げていくことは可能であり、不可欠なのだ。そのためにも自然災害・防災も含めた、より一層の学際的な専門知の糾合が望まれる。同時に、実地域をフィールドとして地域の人たちと共に学びながら復興し続ける包括的な実践的研究のコミュニケーションの場(コミュニカティブ・スペース)が今ほど求められているときはない。

　　附記　人文知と寄り合う互恵の関係づくりを求めて
　　筆者はもともとは理工学の理論を学び、しだいに地域やまちづくりの現場で実践しながら、地域・社会をシステムとしてとらえ、「共に生き良い地域」を築いていく研究アプローチをとるようになった。そこで過疎や災害を包括的な地域課題の核心に位置付けることが有効であると考え研究を重ねてきた。いきおい関心事は旧来の理工学や計画学の領域を超えて、人と社会を焦点に当てた「人文の知(とでも呼ぶ

べき)」が垣間見えてきた。見知らぬ広大無辺な知的領野にも思える。もちろん好奇心をもって書物を探索すればある程度の素人学問はできるかもしれない[4]。

　残念ながら、筆者は理工学の垣根の向こうの知的基盤に足がついていないので、浮遊感しかなく、真の学びとならない焦燥感が募る。しかしそこで手をこまねいていてはこの多難な時代に研究者たちは「社会的使命へのささやかな関わり」に参加できなくなってしまう。幸い、このような危機感と問題意識をもった研究者たちが、理工学や計画システム論の側からだけではなく人文の知で研鑽してきた人たちからのアプローチもあって、拙稿も含めて本書を編纂するという画期的な事起こしが実現したと思う（山泰幸班長、京都大学人文科学研究所 2021〜2013 年度共同研究『東アジア災害人文学の構築』）。リーダーシップを取られた山泰幸教授や関係者に感謝したい。

註

1) 「天変地異」については、串田（2012、2020）および後掲注 4 参照。
2) このように拡大的に定義した災害群を本論では「災難」と呼ぶことがある。なお効果を検証する上で即効性を求める場合に適用することは妥当ではない。この点に留意を払った上で、もし該当するような小さな実践可能なケースがあり、そこに研究者として関わることが可能になるのであれば、研究者・専門家の一人として筆者が持ち合わせているものを活かした一つの関わり方が実践知として紡げるかもしれない。
3) 山（2023）は「哲学カフェ」をまちづくりと結びつけて実践研究している。これは筆者が考える〈自分たちのことばで表現し合える場〉づくりと呼応していると考える。なお山（2006）は「象徴的復興」とは何かというハードのインフラではない、象徴的でソフトな social capital づくりに着目した「復興」モデルを提案している。能登地域が持続可能な地域復興を遂げていくためには、非常に本質的な視点と補助線となり得ると筆者は考える。
4) 筆者が好奇心をもって理工学の向こうを垣間見ようとした試みとして、以下のものがある。
　①「天変地異」――漢字熟語を糸口にして災難知の源をたどる試み
　　串田（2012）によれば、「今、これまでの自然観が人間の傲慢さの象徴として、あるいはまた自然界と人間界との調和を無視した近代政治の負の遺産として、我々は反省を迫られている。古代中国の災異思想は、科学の未発達な古代社会にあって、人間は天変地異といかにつきあうべきかを考えるヒントを与えてくれる。本研究の大きな意義のひとつは、この災異思想から我々が今も経験する天変地異を征服するのではなく克服する方法を模索することにある。」という。
　　そこでは、「天変地異がもたらすマイナス面＝災禍の面」だけではなく、「天変地異の恩恵」にも眼を向けた「天変地異の両義性」という問題提起がなされている。しかもそれが中国や日本だけではなく東南アジアの各国にも昔からの歴史的

第 9 章　試論　続発する災難ダイナミクスの時代と持続可能な地域復興（岡田憲夫）

知恵として今も生きているようである。中国では祥瑞と災異はセットだが、実害のない祥瑞の方の益については認識・記憶されにくく、結果として知恵を表す文として記録されないという趣旨の指摘も大変に示唆深いと思う。なお、「天変地異の両義性」は、本論で筆者が提示した「続発する災難ダイナミクス」をいかに持続可能な地域復興に転換するかという問題提起と通底するのかもしれない。この点はまさに人文の知との互恵的研究のテーマともなりうるのではないか。
②「禍福は糾える縄のごとし」の知の源をたどる

中国の『史記』南越伝に「因禍為福、成敗之転、譬若糾縺（禍によりて福となす、成敗の転ずること、譬れば糾える縺の如し）」とある。「禍福は糾える縄のごとし」の元となる知恵は今から 2100 年ほど前に人間社会と営みの知恵として既に文章化されていることに思い至るのである。

参考文献

岡田憲夫 2015『ひとりから始める事起こしのすすめ―地域（マチ）復興のためのゼロからの挑戦と実践システム理論 鳥取県智頭町 30 年の地域経営モデル―』関西学院大学出版会

岡田憲夫 2021「続発する災難ダイナミクスの時代と持続可能な地域復興へむけて」『自然災害科学』40-3、269-273 頁

岡田憲夫・杉万俊夫・平塚伸治・河原利和 2000『地域からの挑戦　鳥取県・智頭町の「くに」おこし』岩波ブックレット No. 520　岩波書店

串田久治 2012「中国における災異思想と政治批判」『桃山学院大学総合研究所紀要』第 37 巻第 2 号、82-83 頁

串田久治編 2020『天変地異はどう語られてきたか―中国・日本・朝鮮・東南アジア―』東方書店

山泰幸 2006「『象徴的復興』とは何か」『先端社会研究』第 5 号、153-176 頁

山泰幸 2023「おおくすセミナー『哲学カフェを語り合う』」主催：関西学院大学災害復興制度研究所 持続的地域復興国際研究会、共催：東京大学東アジア藝文書院（https://www.eaa.c.u-tokyo.ac.jp/wp-content/uploads/2023/03/poster20230325.pdf）（2024 年 10 月 5 日）

Okada, N. 2018: "Adaptive Process for SMART Community Governance under Persistent Disruptive Risks" *Int. J. Disaster Risk Sci.* 9: 454–463.

Okada, N. 2020: "We should build back better even before catastrophes": Interview, 02 2020 Max Weber Stiftung, Germany, 28-29.

Okada, N. 2021: "Chapter 3　Build Back Better, Even Before Disaster – Adaptive Design of Communicative Process, Place and Practice," in *New Frontiers in Conflict Management and Peace Economics*, Emerald Publishing Limited, Volume 29, 27–38.

参考サイト

国交省 2018「千代川の概要について」（https://www.cgr.mlit.go.jp/tottori/river/conference3/images/kensyu1.pdf）（2024 年 10 月 5 日）

山本福壽 2018「『平成 30 年 7 月豪雨』と智頭」『智頭の山人塾』2018 年 7 月 12 日公開、2023 年 9 月 12 日更新（https://yamahito-juku.com/%E5%B9%B3%E6%88%9030%E5%B9%B47%E6%9C%88%E8%B1%AA%E9%9B%A8%E3%80%8D%E3%81%A8%E6%99%BA%E9%A0%AD/）（2024 年 10 月 5 日）

第　10　章

現場で活きる人文学の可能性
——桜島防災を事例として——

大　西　正　光

は じ め に

　わが国は、災害のデパートであると言われる。特に近年、気候変動による影響は顕著であり、出水期と呼ばれる集中豪雨や台風が多い時期には、洪水が発生したことを伝えるニュースを頻繁に目にするようになった。今日では、災害は滅多におこらない事象ではなく、日本各地で日常的に起こっている事象となりつつある。「今回の経験を教訓にすべし」という言葉もしばしば耳にする言葉である。しかし、現実を見ると、災害が起こるたびに「長年ここに住んでいるが、まさかこの場所でこんなことが起こるとは思ってもいなかった」といった被災者のコメントをメディア上でも目にする。

　近年の頻発する自然災害の報道、マスメディアでの防災キャンペーンを通じて、わが国では自然災害への備えの必要性を疑うようなことは少なくなってきた。しかし、災害への備えの必要性が認識されても、実際に災害への備えが行われるかどうかには大きな壁があることも事実である。岡田憲夫氏らは、「計画または期待されたことと、実際に起こったこととの間の相違」を「Implementation gap」と呼ぶ（Okada et al. 2023）。災害リスクの認識が必ずしも行動には繋がらないことは、まさに岡田氏らが implementation gap と呼ぶ典型的なケースである。以下では、敢えてそのまま英語で implementation gap の用語を用いる。

はじめに

　防災研究をテーマとする研究者は、自然災害の発生メカニズムの正しい理解に基づき、社会における災害影響をできるだけ抑制するための方策を検討する。阪神淡路大震災、東日本大震災、近年の気候変動を受けて、インフラ構造物のハード整備だけでは、自然災害による身体及び財産への被害を完全に食い止めることができないことを前提とし、避難や発災後の危機対応をといったハード整備以外の方策による「減災」の考え方が普及してきた。減災では、潜在的被災者の行動に依拠するところが大きい。とりわけ、発災前後には、身の安全を守ること、つまり避難が必要となる。迅速に避難行動に移るためには、あらかじめ避難先や手段を決めておくなど事前の準備が必要である。

　避難が大事であることは、専門家でなくても理解できる事実である。防災研究者は、これまでにも災害リスクに関するさまざまな情報を提供してきたし、今日でも新たな災害リスクや伝え方を日々模索している。そして、リスク情報に基づき潜在的被災者に対して「危ないですよ」と呼びかけている。しかし、その努力が必ずしも避難行動に結びつかない implementation gap は依然として根深く残り続けている。

　防災教育という名の下では、防災の専門家が潜在的な避難者である住民であるに対して、啓蒙、啓発という形で、先生が学生に教えるという形式をとる。無論、専門家はある特定のテーマに関する知識を豊富に有していることから、知識を伝達するという意味での学習の先生という機能を果たす点で重要な存在である。しかし、防災研究者が、危ないという情報をメディアで伝えたり、セミナーで話したりするだけでは、具体的な行動に繋がりにくい。だからと言って、研究者が多くの市民一人一人に丁寧に説明するのも非現実的である。防災研究者は、都市に暮らす潜在的被災者が、いざというときに備えるための具体的な準備行動を起こすようになるために専門家として何ができるであろうか？

　筆者は、以上の問題意識のもと、3年以上にわたって、鹿児島市におい

て桜島の大規模噴火に伴う大量軽石火山灰降下ハザードの可能性に直面するコミュニティを対象に、潜在的被災者及びそのコミュニティによる自発的な行動が巻き起こることを目的とした実践に従事してきた。言うまでもなく、本章は筆者の実践の成功体験を共有することを目的とするものではない。したがって、例えば、今までにないような工夫を凝らした企画のワークショップを実施し、アンケートに基づいて、参加者に有益であるとの評価を得た、といったように、「○○のようなやり方をすればうまくいく」というノウハウの類いを論じるつもりはない。鹿児島での研究者実践は 3 年以上経った今も、試行錯誤の連続が続いている。桜島大規模噴火による大量軽石火山灰降下に伴って懸念される事態を回避するための体制が、自助・共助・公助を通じて構築されることを最終的な目的とすれば、現段階では、まだ何も成し遂げられていない。しかし、私の実践は上述した implementation gap を埋めていくためには、不可避的に時間のかかるプロセスが必要になるという信念に基づいている。

　本章では、implementation gap を埋めるためのプロセス設計を学問的関心とした場合、研究者は、どのようなアプローチで現実の問題に向き合い、研究者だからこそ可能な貢献とは何かを、筆者自身が経験した鹿児島での桜島大規模噴火に対する事前防災の実践活動を通じて考察する。

第 1 節　研究者としての動機

　筆者は、土木工学の一分野である「土木計画学」という分野の研究に従事してきた。土木計画学とは、「よりよい社会を実現することを目指して、私たちの生活を支えるこれら社会基盤を整備し運用するための理念や方法・手順を研究する学問体系」である。学問体系といっても、土木計画学の定義が示すように、学問領域の目的が「よりよい社会の実現」という問題意識から生まれたものであるため、1 つの確立された学問体系があると

第1節　研究者としての動機

いうよりも、問題解決に使える学問分野を道具として社会の改善につなげるという実践志向型の学問領域である。

　実践志向型とは言え、方法論は科学的であることが求められる。新たな発見として得られた結論が科学的であるためには、その得られた知識が普遍的でなければならない。つまり、Aという処置ないし政策を講じれば、必ずBになることを論証しなければならないのである。その事実は、国や場所、時間を超えて、誰もが提示された方法に基づいて論証、分析を行えば同じ結論に帰着しなければならず、知識は「再現可能性」がなければならない。筆者も以上のような学問的流儀の中で育ってきた。「前提とした条件の下では、必ずこうなる」という形式を取る知識のみが科学的知識である、ということが果たして普遍的に正しいかは、少なくとも哲学者にとっては大いに論じる余地はあるだろう。筆者は今のところ、その考え方は正しいとして受け入れている。

　しかし、実践的現場に専門家として身を置き、自分自身の学問的知識を社会に還元しようとする際、結論を導き出すための前提条件が果たして妥当なのかが試されることになる。さらには、自らが対象としてきた論点自体が、そもそもその現場でどれほど重要なのかについても問われることになる。論点の重要性、前提の妥当性が担保されていなければ、科学的方法によって導き出された結論は、当該現場では役に立たない。

　以上のような問題意識を筆者が痛切に認識し始めたのが、2016年に京都大学防災研究所に身を置くようになってからである。同研究所には、さまざまな災害現象に関する専門家が在籍している。防災研究は人間が災害に対してどう向き合うかを考える自体が学問的目的であることから、上で述べた土木計画学と同じく1つの確立した学問体系が存在しているわけではなく、さまざまな学問分野の専門家が集まって構成されている。しかし、土木計画学では、どちらかというと行政側の立場——ある意味でトップダウンのトップ側の立場——から、社会の改善に寄与する望ましい制度を提

案する。しかし、「防災」の文脈では「自助・共助・公助」という言葉が用いられるように、行政だけではなく、個人と個人の集まりであるコミュニティの重要性をより認識することになった。それまでの筆者の中には、公共主体と民間主体（個人や企業）、それも経済学において理念化されているだけの公共主体、民間主体のみを想定していたが、実際には、さまざまな主体が存在し、また新たな主体がダイナミックに生み出されている。そのダイナミクスがよりよい社会の実現につながっているという事実を認識して、実践から生み出される学問に強い関心を持つようになった。

第2節　桜島の防災実践に関わるようになったきっかけ

　土木工学が専門である筆者が桜島大規模噴火の問題を扱うようになったのは、京都大学防災研究所の火山活動研究センター（当時）で桜島火山観測所所長を務めていた井口正人氏（京都大学名誉教授、現鹿児島市火山防災専門官）との出会いがきっかけである。防災研究所には、種々の災害現象の解明を主とする研究者や防災にかかる社会的問題を総合的に扱う研究者が在籍しており、異なる学問分野の専門家が集まっていた。このような防災研究所の学際的環境のおかげで、筆者は火山防災に関する研究を行う機会を得た。

　筆者は、既に述べた理由により、防災研究には必ず実践が伴わなければならないと考えるようになった。一方で、井口氏も桜島観測所において40年以上にわたり、さまざまな火山と向き合って研究を蓄積し、火山学の研究に留まらず、その知見を活かして大規模噴火に備えるための体制を真剣に構築しようとしていた。井口氏の立場から見れば、火山学の知見を具体的な対策につなげていこうと格闘されていたタイミングで、防災研究所という場のおかげで筆者と出会ったということになる。

　筆者は桜島の大規模噴火がどのようなものであるかということや、その

第 2 節　桜島の防災実践に関わるようになったきっかけ

発生が近い将来に迫っていることを恥ずかしながら井口氏を通じて初めて知った。前回の桜島の大規模噴火は 1914 年の大正噴火であり、その前は 1779 年の安永噴火である。大規模噴火はマグマだまりにマグマが蓄積することによって引き起こされるため周期的に発生する。マグマ蓄積は観測によって相当程度蓄積していると推定され、かつ前回と前々回の間が 135 年であること、前回の大規模噴火からすでに 110 年が経過していることから、2、30 年以内には必ず発生することが分かっている。1914 年の大正噴火では東北地方でも降灰が観測されたという記録があることから、その規模の大きさを推測できるだろう。

　当初、井口氏と筆者は大規模噴火に伴う火山灰拡散によって大きな影響を受ける航空ネットワークの危機対応マネジメントをテーマに研究を行っていたが、市街地での避難も大きな問題であり対応が必要との共通認識に至り研究予算獲得もできたことから、鹿児島市市街地における避難体制の構築をテーマとした研究活動を行うこととなった。井口氏は鹿児島において桜島火山の専門家として地域における講習会で講師を務めていた経験があり、地域のリーダーとも関係性を構築していた。その中で、桜島防災を対象とした住民と研究者の協働実践を行いたいという企画に対して賛同してもらえそうな方ということで、井口氏は筆者に対して八幡校区コミュニティ協議会会長の和田一雄氏を紹介してくださった。和田氏は長年、八幡校区コミュニティ協議会の会長として地域のリーダーとしての役割を務めてきた方である。

　鹿児島は活火山に近接して大規模な人口集積が存在する世界でも珍しい都市である。筆者が住民と協働実践にかかわった鹿児島市の八幡校区は、図 1 に示すように、桜島火山山頂から約 10 km と近接しており、1914 年に発生した大正噴火級の大規模噴火が発生すれば、風向き次第では最大で 1 m もの大量軽石火山灰が降り積もるとの予測がある。2021 年当時、鹿児島市は大量軽石火山灰降下を想定した地域防災計画が策定されていたもの

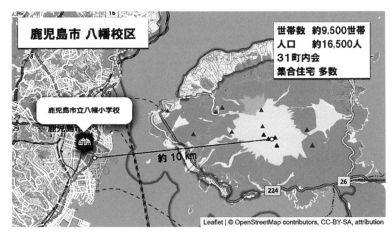

図1 鹿児島市八幡小学校区の位置

の、当該ハザードに関する認識は市民の中でもほとんど拡がっていなかった。

一方で井口氏は大規模噴火の発生前に山体膨張をはじめとするさまざまな前兆現象が発生することが明らかになっていることから、地震とは異なり、災害現象が発生する前に避難等、生命を確保するための対策を講じる時間があると主張する。つまり、大規模噴火に対しては事前に備えることで大幅に被害を抑制することができる余地があることを意味している。しかし、その事前の備えはほとんど整っていない。

災害が起こった後に研究者が解説しているようでは防災研究の意味がない。近い将来起こりうる大災害に対して、今こそ腰を据えて準備すべきタイミングである。防災研究者として、筆者は災害が起こる前に行動を起こさなければならない使命を自覚すると同時に、ゼロからの出発であったからこそ、実践活動を通じて implementation gap を埋めるためのプロセスをデザインするための学問的知見を見いだすための絶好の機会と考えた。

第3節　研究者と住民との関係性に関する信念

　井口氏、和田氏との縁があり、その結果、鹿児島市内の八幡校区を対象とした「桜島防災ワークショップ」と銘打ったワークショップを住民と研究者の協働実践の場として 2011 年 11 月から約 3 年にわたって計 10 回実施してきた。冒頭で述べたように、研究者が実践的現場に身を置く際に、ただ漫然と専門家、あるいは社会活動の活動家として振る舞うのではなく、研究者としての学問的立場を明確にしておくことにこだわりを持つこととした。その際に掲げたのが、以下の 2 点である。

1）あくまでも活動の主体は住民であり、研究者は同伴者であること
2）初めからワークショップのプログラムを決めてしまうのではなく、何を考えるべきかを研究者と住民がともに考えながら、ある程度、長期的に継続して活動していくこと

　現場の問題は複雑である。何が正解かを研究者自身が独りよがりに提示することはできない。さらに、鹿児島市内に住んでいる井口氏を除けば、外からの訪問者である筆者のような人間は、鹿児島にも住んでおらず被災可能性という意味においては訪問者としての可能性はないとは言い切れないものの当事者にもなり得ない。したがって、大量軽石火山灰降下ハザードに対して、どのような備えをしていくべきかを考える責任主体は住民であるというスタンスを明確にした。研究者側が住民に対して「あなたの責任ですよ」と言うのは無責任なように聞こえるかもしれない。しかし、研究者が「最善の方法を教えてあげます」という空手形を切る方が無責任であるだろう。住民は、大規模噴火に関連して何が起こるのか、交通やインフラなどのライフラインはどうなってしまうのか等、専門家の知識や知恵がなければ、適切に問題設定することが難しい。研究者は、住民に寄り添い、住民が何を準備すべきかを住民ら自身で検討していくために情報提供、論点整理の補助を行ったり、さまざまな視点から問いかけたりと、研究者

だからこそ貢献可能な役割がある。こうした住民と研究者の協働が一朝一夕には実現し得ない。したがって、活動を始める当初から、研究者が長期にわたってコミットすることについて理由も添えながら住民に対して意思表明を行った。

このことは、共助を担う主体形成の問題とも関連している。八幡校区での取り組みが行われる以前には、鹿児島市が大量軽石火山灰降下を想定した地域防災計画を策定していたものの、ほとんどの住民がそのような事実を知らないか、仮に知っていたとしても、何をすべきなのかについて検討するような場は皆無であった。したがって、活動のきっかけ自体は研究者側の働きかけによるものであったが、研究者が永続的に主導しながら活動を進めていくことは、住民主体の原則に反するし、物理的にも限界がある。研究者は初めの小さな灯をともすきっかけにすぎない。住民ら自身の内部のエネルギーで自立的に活動が進められる体制を構築する触媒になることが、研究者として防災実践に関わる際に目指すべき姿であると考える。

第4節　桜島防災ワークショップの実施体制

防災とりわけ、筆者の専門が数理モデルを使った分析であったため、社会科学の手習いもなく、ワークショップのファシリテーターを務めた経験さえも全くなかった。したがって、筆者がリーダーシップを発揮するのではなく、——より正確には発揮する能力もなく——、表1に示すように、さまざまな学問分野の専門家が集まって、それぞれの分野の見地からの意見を筆者なりに解釈して総合的に判断しながら、ワークショップを軸とした諸活動について検討を行った。とりわけ、山泰幸氏（関西学院大学教授・災害復興制度研究所所長）は、人文学のさまざまな学問領域の知識をカバーされておられるだけでなく、長年にわたるまちづくり現場での実践的活動を行っている。筆者にとって、住民との接点があるような実践的活動は初

表1 研究者メンバー

氏　名	所　属	専　門
大西正光	京都大学防災研究所（〜2023.3） 京都大学大学院工学研究科（2023.4〜）	土木計画学
井口正人	京都大学防災研究所（〜2024.3） 鹿児島市火山防災専門官（2023.4〜）	火山学
矢守克也	京都大学防災研究所	社会心理学
山　泰幸	関西学院大学 災害復興制度研究所	社会学
竹之内健介	香川大学工学部	防災情報学
嶋本　寛	宮崎大学工学部	交通工学
中野元太	京都大学防災研究所	防災教育・地域防災
鈴木駿介（学生）	京都大学大学院情報学研究科／防災研究所（〜2023.3）	
菅生　賢（学生）	京都大学大学院工学研究科（2023.4〜）	
山下希空（学生）	京都大学大学院工学研究科（2024.4〜）	

めての経験であったことから、山氏の現場での振る舞い方を参考にし、学問的知識だけではなく、山氏の現場での洞察、学問的知見に裏付けされた実践思想を「現場教習」の中で学んでいくこととなった。筆者は、他分野の専門家とのコミュニケーションにおいて、現場を介してのみ共通理解が可能な概念が存在することを実践プロセスの中で学んだ。

第5節　桜島防災ワークショップの実施プロセス・デザインの基本的考え方

　表2に示すように、2021年11月から、3年にわたって10回のワークショップを開催した。具体的な内容については後述するが、ワークショップの企画内容をデザインする際に依拠した基本的な考え方を示しておこう。
　ワークショップの企画を検討する上で、筆者が依拠したのは、

表2 桜島防災ワークショップの概要

実施日	実施内容の概要
第1回 2021年11月22日	井口氏による大量軽石火山灰降下ハザードに関する解説の後、自身の職場や家を含む八幡校区全域に大量の軽石火山灰が降り積もった状況を想像し、懸念事項を自由に語ってもらった。
第2回 2022年3月8日	第1回の後に実施された住民による自主勉強会で出てきたさまざまな疑問や考えに対して、専門家がコメントする形式で対話した。参加者の関心は「避難」に関する事柄に集中した。
第3回 2022年6月11日	地域防災計画において同校区の広域避難先に指定されている南さつま市の現地視察を行った。実際に現地を訪れた参加者は、南さつま市において都市部の万単位の住民を受け入れるだけの収容能力が不足していることを明確に認識するに至った。
第4回 2022年10月24日	大規模噴火が切迫した段階での行動に関して、参加者に事前に避難するか、自宅にとどまるかのいずれかを理由とあわせて考えてもらい、各自が暫定的な意思決定を行った。
第5回 2023年1月29日	山体膨張を検知する観測坑道や桜島火山観測所における観測機器の見学を行った。また、井口氏から観測施設の防災上の意義についての解説があった。
第6回 2023年5月14日	大規模噴火の可能性が顕在化した時点から実際に大規模噴火が発生するまでの過程がイメージできるようなシナリオシートを用意し、大規模噴火切迫時の対応行動、困りごとや悩み事を想像しながら回答してもらった。
第7回 2023年8月19日	第6回で検討した対応行動シナリオにおいて「自宅にとどまる」選択をした参加者が多かったことから、改めて市街地が大量に軽石で埋め尽くされた際にライフライン、食料補給が途絶える状況で耐えうる覚悟があるかを問い、参加者に判断を巡る葛藤を喚起した。
第8回 2023年11月26日	これまでの活動の成果を取りまとめるためにパンフレットを作成する企画について、その意義と活用方法、内容について、意見を出し合った。
第9回 2024年3月10日	大正噴火の際に桜島の黒神地区に降り積もった軽石堆積層のトレンチを見学した。大規模噴火時に降ってくる軽石に実際に触れ、ハザードのイメージを具体化する機会とした。
第10回 2024年8月23日	参加者のうち一部の有志が集まったWGにて検討、作成したパンフレット案について、改善点や今後の活用方法に関して議論を行った。

implementation gap という概念の提唱者でもある岡田憲夫氏（京都大学名誉教授）が提示した SMART ガバナンスの考え方である。SMART ガバナンスとは、S: small（groups and areas）and solid、M: moderate（scale）and multiple（actors and measures）、A: anticipatory and adaptive、R: risk-concerned and responsive、T: transform のキーワードの頭文字をとったものである（Okada 2022a; Okada 2022b）。

　Sの1つ目である small は、小さなグループとエリアから始めることを意味する。八幡校区は人口が約16000人の鹿児島市内のエリアの1つに過ぎず、その中でも30名ほどの有志がワークショップに参加したに過ぎない。活動のはじめから16000人にどう働きかけるかを考えるのではなく、小さく活動を始めて、地域における自主的な活動の担い手という新たな主体を形成するアプローチである。もう1つのSの solid は、実態があるということであり、小さくても活動主体の身の丈にあった一歩を継続することの重要性を意味している。また、開催の頻度も、あまり頻繁にならず、あまり間延びしない程度ということで、3〜4ヶ月に1回開催するペースとした。

　MはSとも関連しているが、適度な規模感で行うことを意味する。そして、もう1つのMの multiple は、その場に集まるメンバーをさまざまに異なる視点、立場を有する主体で構成するという意味である。図2に示すように、専門家の構成、住民とも、立場が異なる主体を適度に分散するように配慮した。また、途中から後述する広域避難先である南さつま市にある鳳凰高校の教員も受け入れ先となる可能性があることからオブザーバーとして参加いただいていた。Aの1つ目は anticipatory であるが、この点についても図3に示すように、シリーズで開催するワークショップの長期的なシナリオについてあらかじめ見通しをもって臨んでいる。もう1つのAである adaptive は適応的に動くことを意味する。長期的なシナリオを意識しつつ、ワークショップでの企画は、実施したワークショップの雰囲

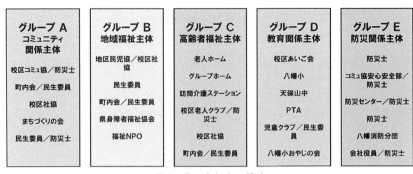

図2　住民参加者の構成

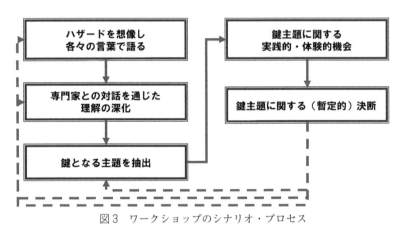

図3　ワークショップのシナリオ・プロセス

気や結論を踏まえながら、その都度決めていくことにした。Rについては、adaptiveとも関連しているが、現状においてリスクと懸念される事柄（risk-concerned）に対して対応する（responsive）形式で進めていくことを意識した。最後のTは、その場に集まった住民のみならず、研究者も含めて、まさにresponseの連鎖によって、主体のtransformが生じることを示している。

　SMARTガバナンス以外にも、ワークショップという場づくりにおいて、いくつか考慮したことがある。まずは、毎回のワークショップの開催挨拶は、コミュニティ協議会の和田会長が務めた。上述したように、研究者はあくまでも同伴者であり、何をすべきかを考える責任主体が住民であるこ

とを意識し確認するための儀式として毎回行った。

　また、はじめの第1回と第2回は行政の危機管理担当部署の方もオブザーバーとして同席していた。しかし、行政の存在は、どうしてもすぐにしっかりやっているのか、という論点にいきがちである。行政が何をしてくれるのか、という問いよりもまずは、行政が何をしてくれないと困るのかを住民視点で冷静に考える場とするために、3回目以降は行政からのオブザーバー参加は取りやめることになった。

第6節　桜島防災ワークショップのポイント

　前置きが長くなったが、10回に及んだワークショップの各回の概要を表2に示す。各回の内容についての詳細な説明は紙面の都合上省略せざるを得ないが、上述の通り図3のような長期的シナリオにしたがって、ワークショップの内容を設定した。そのポイントは以下の通りである。

（1）言語と身体で理解する

　ワークショップの参加者にとって、「桜島大規模噴火に伴う大量軽石火山灰降下」という言葉を聞いたところで、実際に被災したときに自分自身の身にどのような災難が降りかかるのかを想像することは困難である。専門家でさえも、どのような自然現象が起こるかを語ることができたとしても、各個人の立場で何が起こるかを網羅的に想像することは難しい。したがって、第1回のワークショップでは、各々の住民が頭の中で何が問題かを考えるための思考枠組を形成する端緒とするために、井口氏から大規模噴火の際に鹿児島市街地で起こりうる現象について説明を行った後、住民それぞれの立場から自由に何が懸念されるか、どのようなアクションが必要かを語ってもらうことにした。すなわち、言葉で語ること自体が、各住民が何かの問いを構成するために必要な行為だと考えた。言葉で語れば、

新たな疑問も浮上する。実際、このワークショップの後、住民だけで議論の場を持ち、そこで浮かび上がった疑問を第2回のワークショップで専門家に問いかけるということとした。もちろん、何をすべきかについては、住民の間で考えることであるが、専門家の知識やアドバイスが役に立つ。

また、言葉だけの世界で考えるのではなく、実際に関心をもつ対象を物理的に見る体験も交えた。第3回は、それまでの議論で「避難」について関心が集まっていたことから、地域防災計画で広域避難先の集合地点となっている南さつま市の加世田運動公園に足を運んだ。避難対象となる八幡校区の人口は約16000人であるのに、避難所となる運動公園の規模は、この規模の人口を収容できるほどではないことが直感的にも理解できた。後述するように、実際に目で見ることによって、住民自身の問題の思考枠組は進化する。

また、第5回には桜島火山観測所を訪問し、観測データがいざという時の対応にどのように役立つのかを知る機会を設けた。第9回には大正噴火の際に形成された1メートル以上の厚さの軽石堆積層のトレンチを実際に目で見て、軽石に触れる機会を設けた。また軽石が降り積もった路面は滑りやすいことも体験できた。そうした身体で経験する機会を通じて、やはり自宅に留まった後の困難がどれだけ大変なことか想像できるようになったとの感想を述べていた参加者が少なくなかった。

(2) 問題をつくり、ゆらぎが進化をもたらす

上述の通り、南さつま市の広域避難先への視察において収容能力が決定的に不足している事実を知ったことは参加者にとってショッキングであった。視察前には参加者27名のうち23名が、噴火の兆候があれば事前に避難するだろうとの意向であったが、視察の帰路には事前に避難するとの意向を示したのはわずか4名となり、残りの23名は自宅に留まる意向となった。この事実は、参加者の避難に関する個々の問題の思考枠組（見立

て）が、避難先の訪問によって進化したことを示唆している。また、これを受けて、2022年8月には和田会長のイニシアチブで鹿児島市に対して「地域防災計画見直し」についての中間提言を提出した。

　第6回、第7回のワークショップでは、大規模噴火切迫時の段階からのイベントシナリオに沿ってどのような行動を取るべきかについて考えてもらうことにより、より問題の構造を具体化していくようにした。その中で、住民の問題の思考枠組は誤解を含めてそれぞれ多様であるが、その多様性こそが住民、研究者の間の responsive な関係を生み出す。参加者の間での問答は、研究者も含めて、そこにいるすべての参加者の思考枠組に刺激を与え、問いを深めることにつながる。こうしたプロセスは必然的に問題に対する判断のゆらぎをもたらす。言い換えれば、判断のゆらぎこそが、深い検討を行うための原動力となる。

(3) 形に残す

　ワークショップ開催が長期に及ぶと、いつまで、このまま同じメンバーで活動を続けるのか、という問いが自然に発生する。とりわけ、鹿児島市の人口に比して、集まっている人数は30名程度と少なく、今後の展開が気になる時期が訪れる。これを受けて、活動の成果を形に残すためにパンフレットを作成することになった。特にこだわりを持った点は、パンフレットの使い道と視点である。桜島大規模噴火リスクの啓発を目的としたパンフレットやウェブサイトは行政からも提供されている。しかし、何が起こるかを客観的に情報として示しただけでは自分にとって何が問題なのかを認識しづらい。一方、本ワークショップを通じて作成したパンフレットは、住民が検討の過程で抱いた感想をふんだんに盛り込むことによって、より住民目線で当該ハザードを理解できるようにした点に大きな意義があると考える。実際、パンフレットを配布した後に、ワークショップに参加していなかった方から、より深く知る機会が欲しいとの問い合わせがあり

反響があった。

　さらに、パンフレットはワークショップ参加者自身が3年近くに及ぶ活動を行ってきた証であり、グループ存在の象徴として機能することから、パンフレットがグループのアイデンティティーを確認するための媒体となる。こうして、形として残されたパンフレットは、当該グループの外に対して防災実践活動を拡げていくための主体が形成された証としての意味もある。

第7節　実践における人文学の役割

　本章では、住民と研究者の協働を通じて、やっかいな社会問題に対して、1つの理論的見立てをもって臨んだ1つの事例を示したものである。その評価自体、さまざまな視点があり得るし、実践知というものが存在するのであれば、そうした議論自体が今後の実践知の進化に貢献するであろう。最後に、人文系が専門でもない筆者が論じるのは大変おこがましいが、現場において活きる人文学について構想する意義について、以上のような実践経験を通じて認識した論点を記しておきたい。

　まず、現場の問題は科学が対象とするような「tamed（飼い慣らされた）」問題ではなく、「wicked（やっかいな）」問題である（Rittel and Webber 1973）。やっかいな問題を解きほぐすためには、responsive な関係性を基盤にした transform が必要となる。人文学は、社会では当たり前とされてきたことを明示的に認識する視点を与えてくれる。つまり、「そもそも」を考えることは住民達が思考のトラップから抜け出しジレンマを紐解く重要な視点である。人文学は普通に生活していると明示的には浮かび上がってこない視座を示してくれるため、場に良い意味での刺激とダイナミクスをもたらしてくれる。

　次に、コミュニケーションの問題である。人間の思考枠組は、経験、言

語、ナラティブ、レトリック等、少なくとも筆者が馴染んできた数理モデルでの分析では対象外とされてきたメカニズムが大きな役割を果たす。人文学では、人間のコミュニケーションや関係性に関する学問知が蓄積されており、こうした知見は transform を促す場のデザインにおいて大いに役立つ。

最後に、災害ならびに防災は、人の生命、生死にかかわる問題である。したがって、究極的な根っこには「人間が生きるとはどういう意味か？」という哲学的問題ともつながっている。一般的に防災と言えば、少なくとも政策立案者は人の生命を守ることが当然のこととするが、例えば、「その土地を離れるくらいであれば死んだ方がましだ」と考える当事者も存在しうるし、それを第三者が頭ごなしに否定することもできない。人文学の知は、そうした多様な考え方を包み込むような場を提供してくれる可能性を秘めていると信じている。

謝辞

本章は、筆者の個人的視点に立ち、科学と実践の関係性について、筆者の考え方を整理したものであるが、現段階の考え方に至る過程で、本章で示した研究メンバーには、言葉では語り尽くすことができないほど多くの示唆をいただきました。特に、山泰幸氏（関西学院大学教授・災害復興制度研究所所長）には、人文系の手習いがない筆者に実践過程の中で、長い時間をかけて人文系の豊かな学問的知見に基づき、実にさまざまな示唆をいただきました。ここに、感謝の意を表します。

参考文献

Norio Okada, Robert Goble, Kami Seo, Guoyi Han 2023, Implementation gaps are persistent phenomena in disaster risk management: A perspective developed after discussions at IDRiM 2022, *Journal of Integrated Disaster Risk Management*, Vol. 13, No. 1, pp. 69-99.

Norio Okada 2022a, SMART Governance Under Persistent Disruptive Stressors to Enhance Community's Dynamic Resilience: Case of Chizu Town, Japan, I Mika Shimizu eds., A Resilience Approach to Acceleration of Sustainable Development Goals, Springer.

Norio Okada 2022b, Rethinking Japan's depopulation problem: Reflecting on over 30 years of research with Chizu Town, Tottori Prefecture and the potential of SMART Governance,

Contemporary Japan, Vol. 43, No. 2, pp. 210-227.
Horst W. J. Rittel and Melvin M. Webber 1973, "Dilemmas in a general theory of planning", *Policy Sciences*, Vol. 4, pp. 155-169.

コラム4 ｜ 災害と対話
　　　——考えることと共に生きること——

梶　谷　真　司

はじめに

　2012年、私は「哲学対話」の活動を始めた。これは、一つの問いについて、みんなで一緒に考え、話し、聞く、対話形式の哲学である。もともと1970年代にアメリカで思考力の育成のために小中高の学校で実践されるようになった「子どものための哲学」（Philosophy for Children: P4C）に由来する。P4Cでは難解な哲学のテキストや概念の理解ではなく、対話が主なメソッドとして発展してきた。

　日本の学校では、新学習指導要領が「主体的・対話的で深い学び」を標榜していることもあって、近年哲学対話が注目されるようになったと思われる。またこれは、対話をすることで互いに理解・尊重できる信頼関係が生まれるので、クラス作りにも役立つ。さらに、人と話すことが内省を促し、自分の将来・進路について考えるきっかけになるので、勉強や進学への意欲を高めることにもつながる。

　学校のみならず、企業や地域コミュニティでも、そのような話し合いの場を求めるケースが増えている。企業では雇用が流動化し、背景や経歴が異なる人が増え、よりよいコミュニケーションの必要性が高まっている。地域コミュニティでは、過疎化や衰退が進む地方で、いろんな世代、性別、背景の人たちがフラットに話す場が求められている。いずれも従来のやり方が通用しなくなり、見通しのきかない将来のために自分たちのあり方や発想の仕方を変える必要があり、そのために哲学対話に新たな可能性を見出そうとしているようだ。

　こうした背景もあって、哲学対話はこの10年間で急速に広まった。とはいえ、その重要なきっかけが東日本大震災であったということは、あまり意識されていないかもしれない。しかもそれは、たんに時期的に重なったということ

ではなく、深いところでつながっているからだと思われる。

　本コラムでは、震災後に仙台市内の「せんだいメディアテーク」という施設で、西村高宏氏が実践してきた哲学対話の記録を紐解くことで、災害と対話の関係について考えたい（西村 2023）。

なぜ震災の後、対話が必要だったのか？
　西村氏は大阪大学の臨床哲学研究室の出身である。臨床哲学は鷲田清一氏が大阪大学で教鞭をとっていた時に始めたもので、社会のうちに潜んでいる問題を、社会の具体的なコンテクストに即して、そこで現に生きている様々な人たちと協働しつつ研究を進めていく。また、哲学カフェ（対話）を活動の核にする日本初の NPO カフェ・フィロは、この臨床哲学の関係者が中心になって立ち上げた団体である。仙台市内の大学で勤務していた西村氏が、震災の後、哲学対話を粘り強く続けたのは、彼自身が被災当事者であると同時に、こうした彼の知的キャリアによるところが大きいだろう。

　第 1 回目は、震災のおよそ 3 か月後、2011 年 6 月 18 日、その後、ほぼ毎月行われた。2011〜17 年度の間に 72 回、医療専門職の人と行った対話が 2011〜15 年度の間に 9 回、病院やクリニックで行ったのが、2015〜19 年度の間に 12 回、合計 93 回の対話が行われている（西村 2023: viii-xii リスト）。

　西村氏は哲学カフェを始める前、震災によって言葉を失い、それでも何か語らずにはいられない苦しさを感じていた。「はじめに」にこう書かれている――「自分も含め、そこで悶え苦しんでいる者たちとの粘り強い対話をとおしてその場に立つ。そこには、これまで経験したことのないような、言葉にもならないようなつらさやしんどさがあった。［……］手応えのある言葉にたどり着けない苛立ちや諦め、そして、ときには言い澱みや声の震えに触れることが本当に怖かった。」（西村 2023: ii 頁以下）

　ただ、哲学だの対話だの、この大変な時に何の役に立つのだ、という批判もあっただろうし、哲学の研究者には「そんなのはしょせん素人談議だ」と言う人もいるだろう。しかし西村氏は以下のように言う――「目の前に広がるこの

悲惨な〈出来事〉に臨むためには、それを上手に読み解くための切れ味の良い哲学用語や思想ではなく、むしろ自分たちの迂々しい言葉遣いを頼りに語り始めること、またそこでの〈対話〉をとおして震災という〈出来事〉の根っこを粘り強く探り当てようとする忍耐強さこそが求められている」(西村 2023: 10 頁)。

同様の思いは、参加者にもあった——「発災直後から、人の生死に関わるような事柄や、またその際の人間のさまざまな感情の揺れ動きや振り切れた振舞いに遭遇してきたいま、もはやこれまでの一般的な言葉遣いではそれらには到底太刀打ちできないようにすら思えます。それに臨んでいくためには、自分の内側に感じられる確かな言葉、個別の言葉、すなわち自分の手に負える言葉にまずは拠り所を見定める必要がある。それぞれに異なる、それぞれの体験を個別的なものとして捉え、たとえそれがいままでの言葉では伝えきれないとしても、泥臭く、自分の言葉をとおしてそれを探っていくことの他に為すすべは無いように思います。」(西村 2023: 27 頁)

哲学者の考え抜かれた言葉がどれほど深く鋭くても、個々の人々の苦悩や動揺を救い上げることはできない。むしろそれを普遍的真理の中に回収して、見えなくさせてしまう。大事なのは、拙くても的確でなくても、それぞれが自ら考え、言葉を見つけることなのだ。しかもそれは、一人で考えることによってではなく、他者との対話を通して、他者の言葉や考えと突き合わせ、そこから触発されることで可能になるのである。

どんなテーマで対話が行われたか？

では震災後の哲学対話の中で人々が問わずにいられなかったのは、どんなテーマだったのか。その中からとくに重要なものをいくつか挙げておこう。

一つ目は、「負い目」や「罪悪感」や「後ろめたさ」といったこと、およびそれと深く関連する「被災者」や「当事者」とは誰のことなのかという問いである。震災の被害を受けたと言っても、人によってその程度は様々である。津波や地震で家も家族も失った人、家は失ったが家族は無事だった人、家にも家

族にも大きな損害がなかった人。さらには、被災地に住んでいなかった家族もいる。

　被害が少ない人は自分が「被災者ではない」と感じ、より深刻な被害を受けた人に対して、「負い目」「後ろめたさ」、「罪悪感」をもっていたということを対話の中で吐露する人が少なくなかった。そこでは「被災の直接的な経験を基点としてその当事者性の強度や〈負い目〉の度合いを測ることができるといった、一見もっともらしい尺度が前提とされている」（西村 2023: 39頁以下）。その結果、より被災性や当事者性が強い人こそが震災をより深く理解し、語る資格をもつのであって、それが弱い人は、自分の思いを語りにくくなる。しかも、外から来た支援者からは、被害の程度にかかわらず、被災者として扱われるが、その支援への熱意ゆえに、それに応えるべく「被災者」としての役割を演じさせられる（西村 2023: 47頁）。このように誰もが、被害者か否か、当事者か否かを自問せずにはいられなかった。

　次に挙げるのは、「支援」とは何かである。とりわけ医療従事者は、自分が被災地に来たのに、専門的な知識や技能が生かせない、何のためにここにいるのか分からないという思いに苦しむ人が多かったようである。対話をするうちに、物資を送るとか瓦礫の撤去をするような結果の見えやすい支援以外は〈支援〉ではないといった硬直した見方があることが分かった（西村 2023: 77頁）。

　しかしやがて、「あらためて何かを〈支援〉するというよりも、どちらかというとその人のもとの生活に近いような形で何かを手伝う、一緒にいることなのかなって、いまでは思っています。」（西村 2023: 81頁）という意見も出てくる。また支援というのは、一方的ではなく相互的だという意見も出た――「〈支援〉は何らかのものを一方的にあたえられるだけではなく、あたえられていたその当人が、逆に、今度はだれかに対して何かをあたえる存在へと反転する」（西村 2023: 93頁）のである。そしてさらには、「目の前の出来事に対して自分なりの問題関心を強く抱くことで人々は「当事者になる」」（西村 2023: 130頁）という、より広い支援観に至ることもできた。

むすび

　大きな災害は、ある地域で一度にそこに生きるすべての人を襲う。地震や洪水、台風、津波など、出来事としては"一つ"であっても、その苦難の程度や種類は、人によってさまざまである。だから、同じような経験をしているようで、そうでもない。お互いに分かるようで分からない。時間が経てば、そうした乖離はより大きくなる。そのことに感づいているから、どのように話せばよいのか分からない。

　哲学対話でなくてもよいのだが、何らかの、安心して共に語り、考える場が必要である。それは災害の後に始めればいいわけではない。立場の違いは、災害の前からあったはずである。災害の後、突然対話の場を設けようとしても難しい。だからできれば、普段から様々な人たちが集まり、話し合う場、しかもみんなが同意したり共感したりするのではなく、むしろそれぞれの立場、それぞれの思いを語り、違いを受け止めながら共に考える場を作っておくのが、災害に備えることにもなるのではないだろうか。

参考文献
西村高宏 2023『震災に臨む——被災地での〈哲学対話〉の記録』大阪大学出版会

コラム5 | まちづくりにおける語り合う場のデザイン
――哲学カフェの取り組みから――

山　　泰幸

はじめに

　過疎化が深刻化する地域が、自らの弱点を認識し克服しながら、同時に来るべき災害に事前から備えていくには、どのようにすればよいか。また、このような地域が被災した場合に、どのように復興していけばよいのか。過疎を〈もう一つの災害〉と捉えるならば、二重の地域復興の取り組みが求められる（岡田 2015）。

　筆者は、徳島県西部の過疎地域において、現地の役場職員や住民有志と協働しながら、一方では、地域復興・まちづくりの活動に外部支援者として実践的に関与し、他方では、エスノグラフィックな調査研究の一環として、15年以上にわたり長期密着型のフィールドワークを続けてきた。特に、10年近くにわたって、まちづくりの協働実践の試みの一つとして、「哲学カフェ」と呼ばれる語り合いの場づくりに取り組んできた。

哲学カフェとは

　フランスのパリでは、日曜日の朝に、カフェに人々が集まって、さまざまなテーマについて語り合う、「哲学カフェ Café Philosophique」と呼ばれる場がある。飲み物代さえ払えば、誰でも参加でき、名乗る必要もない。話したい人は、どんな意見を言ってもよく、聞くだけでもかまわない。一つの結論を出したり、合意を形成する必要もない。いろんな意見を参加者が共有するだけである。

　アメリカの社会学者エリック・クリネンバーグ（Eric Klinenberg）は、1995年にシカゴで発生した熱波の際に、生死を分けた要因に社会的孤立があることを突き止めている。人々が自由に集まることができる、図書館や学校、公園などの「社会的インフラ」が充実している地域はそれが不十分な地域に比べて生存

[コラム5] まちづくりにおける語り合う場のデザイン

率が高く、平時においても住民の平均寿命が圧倒的に長いことを明らかにしている（クリネンバーグ 2021）。以上のような、人々が自由に集まることができる場所、「社会的インフラ」の重要性を説いている彼の著書の日本語版のタイトルは『集まる場所が必要だ（原題 Place for the People）』となっている。人々が災害に対応し生き残るうえで、まさに集まる場所が必要なのである。さらにこれに加えて、筆者は、「語り合う場が必要だ」と考えている。

筆者は、災害や過疎からの地域復興やまちづくりをテーマに、住民、行政、NPOと協働しながら、長年、まちづくりの実践的研究に取り組んできたが、そこで気づいたのは、地域のなかには、人々が集まって、さまざまなテーマについて、自由に語り合うことができる場が存在しない、ということである。これは図書館や学校、公園などの社会的インフラがないからではない。そのような社会的インフラは日本の場合は、地方の過疎地域であっても充実している場合が多い。問題なのは、日本の地域社会においては、社会的な問題や地域の抱える問題、人生の悩みも含めて、「マジメ」な話題は、話す側も躊躇するし、聞く側もどのように反応してよいかわからないため、マナーに反すること、いわばタブーになっていることである。つまり、物理的に集まることができる場所がいくら確保されていても、たとえ集まる機会があったとしても、語り合うことができないのである。なぜなら、「マジメ」な話題について、語り合った経験もなければ、そのような機会もないため、結局、語り合いの作法を体験的に学ぶことができないため、語り合うことができないのである。しかし、語り合うことがなければ、問題意識を共有することも、まして問題解決に向けて、協力して行動を起こすこともあり得ないだろう。

筆者は、2013年4月から1年間、フランス留学の機会を得て、パリで哲学カフェに出会い、これがまちづくりに役立つと直感して、帰国後、各地のまちづくりの現場に哲学カフェを導入してきた。

哲学カフェの取り組み

筆者は、長期密着型のフィールドワークを行っている徳島県東みよし町にあ

るカフェ・パパラギにて、2015年から3ケ月に一度、哲学カフェを定期的に運営しており、2024年12月には37回目を迎えた（口絵8）。参加者は、毎回20名前後、多いときには40名を超えることもある。地元の住民を中心に、県の内外からも訪れる。近年は、国内外の研究者の参加も増えている。京都大学防災研究所の土木計画学を中心とした防災の研究者、東京大学東アジア藝文書院の哲学の研究者は常連で、海外からの研究者も多数参加するようになっている。

　哲学カフェの冒頭で、順番に名前とどこから来たのか程度の簡単な自己紹介をしてもらい、その日のテーマについて、意見があれば、数分程度で話をするように伝えている。これは参加者が全員、一度は発言の機会があるようにすることで、お互いに存在を認め合うための工夫である。また、最も大切なルールは、「相手の意見を批判してもいいが、否定してはいけない」、というものである。これは互いに敬意を示すことを意味している。他の参加者の意見に対して、根拠を示しながら、それとは異なる意見を述べることは問題ないが、攻撃的に否定することは禁止している。その理由は、発言する者は、自分の意見がどのように受け止められるのか、面子が傷つけられるのではないかという不安があるため、このルールを説明することにとって、安心して話ができるようになるからである。近年は、「否定的な表情もしてはいけない」というルールを付け加えている。相手の表情が発言する者の気持ちにとても影響するからである。これに関連して、一人の発言が終わると、毎回必ず拍手をすることにしている。拍手によって、互いの発言に対して、敬意を示すことができ、それによって安心が得られるし、何よりもその場の雰囲気がとてもよくなるのである。

　哲学カフェでは、参加者はみな真剣な表情で話に耳を傾ける。時折、笑い声が起ったり、どよめきが起きたり、和気藹々とした雰囲気のなか、誰かが話を終えると、拍手で場が包まれる。テーマは、第1回目の「知」に始まり、「仕事」「遊び」「常識」など、毎回さまざまである。たとえば、第17回目は「災害」がテーマとなった。こちらが強制したわけでもなく、自然なかたちで、「災害」がテーマと決まり、参加者が自由に語り合い、問題意識を共有する貴重な機会となった。

[コラム 5] まちづくりにおける語り合う場のデザイン

図1　第1回哲学カフェ（2015.12.13）　テーマ「知とは」

　哲学カフェが興味深いのは、地域のなかに潜在している「地元知識人」とも呼ぶべき人びとが集まってくることである。これは必ずしも学歴が高いことを意味しない。日頃は、交流がなく、お互いに知らなかった、地域の知識人たちが、ここで出会って、お互いの存在を知るようになる。単に知るようになるだけでなく、発言や議論を通じて、敬意をもって互いの存在を認識するようになるのである。

　重要なのは、一つのテーマをめぐって、自分の意見を述べたり、他の人の意見を聞いたりしながら、充実した時間になるように参加者が一緒にその場を築いていくことを通して、語り合いの作法を習得する場にもなっていることである。

　哲学カフェというと、近寄り難い印象を与えるが、一方で、さまざまな問題について深く考えてみたい、意見交換してみたいという人々にとっては、貴重な社会参加の機会となっている。また、哲学カフェの活動を通じて、語り合いの作法を習得した人たちが、それぞれの活動において、語り合いの場づくりの試みを展開するようになっている。

　筆者は、地域社会のなかに、哲学カフェのような、語り合う場をデザインすることが、まちづくりのための土壌づくり、いわばゆっくりと地域の体質改善をする「漢方療法」のような役割を果たすと考えている。

図2　第11回哲学カフェ（2018.6.17）　テーマ「豊かさ」

外部支援者の役割

　まちづくりが活発な地域には、地域の内部と外部を媒介し、かつ有益な情報や知識、資金や人材などを外部から調達することができる、ある種の知識や技術を持った担い手が存在している。筆者は、このような人物を「媒介的知識人」と名付けている（山 2020）。外部支援者である研究者が、その支援を可能にするためには、地域のなかの「媒介的知識人」を発見し、彼らと「協働」することが、きわめて有効であり、むしろ必須の条件であると筆者は考えている。

　住民だけでなく、役場や商工会などの組織のなかにも、少なからず「媒介的知識人」は存在している。問題は、「媒介的知識人」が存在していても、彼らに活躍の場がないことである。なぜなら、地域社会は変化を好まない傾向があり、「媒介的知識人」のような思いがけない行動を起こす人物は、少し変わった「風変わりな人物」と考えられており、避けられる傾向にあるからである。そのため「媒介的知識人」が活躍するためには、その能力を理解し、サポートする地域内部の協力者がいることが条件となる。哲学カフェは、そのような人たちが出会う場にもなっているのである。

[コラム 5] まちづくりにおける語り合う場のデザイン

図3　第 23 回哲学カフェ（2021.6.20）　テーマ「ジェンダー」

　研究者のような外部支援者は、「媒介的知識人」を発見し、彼らの知識や技術を引き出し、彼らを理解する地域の協力者との出会いの場を設けるなどの活動を通じて、彼らをサポートすることが重要な役割であり、これが同時に、外部支援者と地域住民との協働を可能にする有効な方法と考えられる。

おわりに
　筆者は、多様な分野の研究者を地域に紹介してきたが、その理由は、一つの専門分野だけでは地域の抱える現実問題には、到底、「歯が立たない」からである。地域内部の人々だけではなく、地域外部の多様な分野の専門家や支援者たちと協働し、その知恵や技術を結集することによって、道が切り開かれると考えるからである。そのための場づくりも外部支援者としての研究者の重要な役割であると考えている。
　また、地域の問題を総合的に理解するためには、それを知的にだけでなく、そこに暮らす人々の心、気持ち、感情と切り離さずに理解することが重要であると考えている。それは広い意味での「共感」と言ってよい。
　哲学カフェの試みは、その意味で、地域住民のための場としてだけでなく、むしろ外部支援者としての研究者自身が、人々の心、気持ち、感情を知るための貴重な場となっている。住民、関係者と研究者が同じ場所で身体を寄せ合って、実感をもって、お互いの言葉、語りを学び合うことで、お互いが意思疎通

可能な新しい言葉や語りを紡ぎ出していく場にもなっているのである。

いま、まちづくりの現場において、語り合う場をいかにデザインするのかが核心的な課題となっていると思われる。

付記
　「語り合う場のデザイン―哲学カフェの試みから」『DPRI Newsletter』101 号、7 頁、2022 年、「場のデザイン知と哲学カフェ―協働のエスノグラフィーの試みから」『土木計画学研究発表会・講演集』巻 64、2021 年などをもとに書き改めたものである。

参考文献
岡田憲夫 2015『ひとりから始める事起こしのすすめ―地域（マチ）復興のためのゼロからの挑戦と実践システム理論　鳥取県智頭町 30 年の地域経営モデル』関西学院大学出版会
クリネンバーグ、エリック（藤原朝子訳）2021『集まる場所が必要だ――孤立を防ぎ、暮らしを守る「開かれた場」の社会学』英治出版
山泰幸 2020「『媒介的知識人』とは何か」『災害復興研究』No. 11

コラム6 | 災害と幸福
――持続可能な未来への道筋を探して――

趙　寛子

　今日、地球上のあらゆる場所で自然災害と人災が起きている。このような状況で、災害人文学は何をすべきで、何ができるのだろうか。まず、大局的な視点から災害の意味と現状を考えてみよう。これで、災害による喪失感や苦痛が和らぎ、未来への希望と現実の課題がより明確に見えるのであろう。

人間活動の発展から見る自然災害と人災

　46億年の歴史の中で、地球は絶えず活動し続けてきた。重力、熱エネルギー、圧力などの物理的な要因がこの動きを引き起こしている。それにより生き物が滅種したこともあるが、自然が災害をもたらしたわけではない。自然の恵みを求めてその場で生きている生き物が自然の威力に遭遇するだけである。したがって、人間が自然の動きを理解し、災害を回避する方法を見出すことが重要である。

　約2万年前、地球の氷河期から温暖化が進んだ後、紀元前1万年頃に農耕が始まった。ナイル川と黄河の周期的な洪水は、肥沃な土壌をもたらした。農業生産性の向上は人口増加を促し、都市や国家の誕生につながった。一方で、繰り返される洪水によりインダス文明の都市ハラッパーは崩壊したが、マヤ文明は干ばつと森林破壊により滅亡したという。14世紀には、小氷期の到来でグリーンランドのバイキング定住地が消滅し、ペスト（黒死病）がヨーロッパの人口を3分の1も減少させた。こうした莫大な犠牲を踏まえつつ、教会権威の低下、人文主義の復興、労働賃金の上昇、自由な市民層の出現など、近代化の基盤が形成された。気候変動や自然災害は、人間の活動を一時的に停止させることはあるが、それは新しいパラダイムの大きな転換点ともなりうるのである。

　世界人口の推計値をみると、農耕と牧畜の開始から産業革命までの約1億年

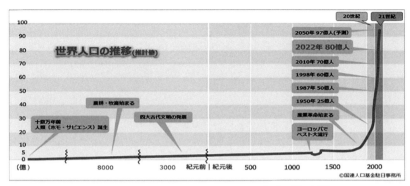

図1 人類誕生から2050年までの世界人口の推移(推計値)グラフ
(出典:国連人口基金駐日事務所ホームページ)

間、人類はゆっくりと進化してきた。ところが、産業革命以降、わずか200年間で人口は急激に増加した。7億人だった世界人口は1950年に25億人に達し、3.57倍もの成長を遂げた。この時期、民主主義や資本主義といった新しい制度が国民国家の概念とともに広まり、社会主義や共産主義も試みられた。さらに、19世紀後半の第2次産業革命では、電気の発明により、大量生産や都市化を加速化した。

近代の成長期には、予防医学や港湾鉄道の発展が眩しく、科学技術の発展で自然を制御できるという考えが強まった。自然を利用した遊園地や観光地の開発なども成功を収めた。ところが、自然災害を神の怒りとして恐れていた時代が過ぎ去ると、今度は、国際社会の対立から生じる人災が人々を襲うようになった。第一次・第二次世界大戦は多大な犠牲を伴ったが、宇宙開発、エネルギー、生命科学、通信技術、女性の社会進出など、様々な分野での進歩をもたらした。とはいえ、帝国主義や民族主義、軍拡競争、経済危機、イデオロギー対立、人種差別など、当時の対立要因の多くは、今日にも紛争や戦争の原因となっている。

第二次世界大戦後、25億の世界人口が50億に倍増するのにわずか37年しかかからなかった。人口の増加のみならず、第3次産業革命、すなわちコン

ピュータの発展による社会の情報化が進み、人々のネットワークと活動の舞台も拡大した。冷戦的な対立や経済的な競争が激しい渦中にも、自由、平等、連帯といった価値観が社会的な発展の指標となった。2010年、世界人口が70億になり、12年後の2022年には80億を超えた。SNSや各種のプレフォームの活性化により人間の活動舞台は仮想現実まで広がり、第4次産業革命によるAIと人型ロボットの開発は、人間と機械の融合による新たな創造の可能性を示している。

しかし戦後の世界で、人類が達成した垂直的な高度成長は、グローバル社会の水平的な亀裂と不均等な発展の問題を放置した結果に繋がっている。地球の北半球では、少子高齢化で人口減少と社会的活力の低下、ひきこもりやニートの量産を懸念している。一方、南半球では、高い出生率のなかで戦争・気候危機・貧困による複合災害が後を絶たず、先進国の大都市へと難民を排出してきた。EUの先進国で難民を受け入れてはいたが、そもそも貧困地域の自立的な発展がない限り、人類の共生と人権の擁護は保障されないということも明らかになっている。

グローバル化に伴う急速な移民の流入は、先進国の大都市における労働力の不足を補う一方で、経済の低迷と相まって排他主義や外国人嫌悪を助長している。また、社会的孤立による精神疾患や無差別暴力事件の増加も増えている。教育現場では「多様性を尊重しよう」と唱えているが、異なる価値観を持つ人々の間でのコミュニケーションは、不可能に近くなっている。内集団と外集団に対する道徳的な分離、外集団に対する共感の欠如などの認知的・感情的・心理的バイアスが顕在化している。

さらに、民主主義や人権といった普遍的価値が、時に個人や組織の利益を正当化する道具と化している。これにより、人種、ジェンダー、階層間の対立が深まり、憎悪や怒りに基づく社会問題が増加している。グローバル経済の競争と紛争は未来に対する不確実性を高め、人々の欲望と諦めが入り混じった状態が、現代人の心身を不健康にしている。

このような状況下で、災害人文学の役割はますます重要になっている。単な

る物理的な対策だけでなく、人間と自然に対する深い理解と洞察に基づいた知恵を育むことが求められている。とりあえず、自然災害と人災を予防し、すべての犠牲から人間の精神的な衰弱を救うことが、その目標となるであろう。

新しいパラダイムの持続可能性を求めて

　現に、太陽黒点の活動、地軸の変化、海洋プレートの変動など自然の微細な変化は、気候危機と大きな災害を予告している。かつて、14世紀のペストで、多くの死と不条理を経験した人々は、既存の宗教の教義に疑問を投げかけ、世俗的な生活の価値を重視し、人間の身体と疾病の研究に取り組んだ。それでは、健康に役立つ情報や食品が溢れている21世紀の私たちは、大規模な自然災害が予想されるなか、どのような矛盾を解消し、新しい生き方を追求できるのだろうか。

　自然の法則から学ぶと、現象は変化しても本質は消滅しない。すなわち、自然にはただ物理的な変化があり、自然の元素は「質量・エネルギー保存の法則」により消滅しない。ここで一つの考え方として「人は死により消滅しない」という仮定を立て、新しい生き方を実験してみたらどうだろうか。自然は、厳しい法則と包容力の両面性を有し、あらゆる生命体を包み込む。自然の一元素でもある人間は、病死や災害により消滅する存在ではない。たとえ誰も記憶しなく記録がなくても、人々の生き様はなくならず、縁のつながりを有しながら広がる。

　現に、祖先が残した知識や言葉が世代や場所を超えて伝わる。人間の言葉は消滅しない。知恵のある言葉は、誰かの悩みを解き、生きる力を与える。毒のある言葉は、誰かの生きる力や意欲を奪う。人の言葉は、感情や思考の動きから発信されるが、口を開き手を動いて（手話）こそ発話される。この精神と肉体の結合による、思想の発信や言葉の発話こそが、万物の霊長たる人間の本質を物語る。言葉を通じて精神の活動を支えていた肉体は、死後にいずれ物質の元素として形を変えて自然のなかで循環される。

　「人は自然の摂理のなかで永遠に生きている」と考えるようになったら、自

然災害を怖がることなく、生きることの意味をじっくりと考えられるであろう。人口が爆発的に増え、科学技術の発展が眩しい時代に、なぜ、ウイルスの攻撃が激しくなり、自然災害や気候変動が日常化しているだろうか。自然は、ゾンビのように精神（魂）を無くし、生き残ることに精一杯になっている人々に警鐘を鳴らし続けているのではないか。だとすると、苦痛・悲哀・憎悪・憤怒の波長から脱皮し、楽しく幸せに生きることは、どうできるだろうか。幸せとは何か、どのように実現できるか。これを明らかにすることが、今後の災害人文学の根本的な課題であろう。

　幸せは、一時的な気分でその「満足感」の有無を言えるものであろうか。「一年前に幸せであったが、今は死にたい」とか、「幸せであったのに、不幸な死を迎えた」といった気まぐれな状況は、最初から幸せとは言えない。幸せな人は、自然の現象や社会の矛盾を深く理解しているため、普段から他人に対する不評や現実に対する不満を言わない。とはいえ、幸せは、健康や仕事、お金があって自ら得られる「自足感」ではない。幸福とは、他人や社会のためになる活動によって与えられる福、すなわち「行福」でもある。行いの結果として、他人から「尊重、信頼、尊敬」の念を受け、互いに感謝の念を交感するとき、互いの存在の意義が充満になってくる。皆が自分の役割に生きがいを感じ、互いに助け合える関係性の上で、楽しさと喜びが満ちてくる。このとき、幸福感が持続可能になるのであろう。

　人々が助け会える関係を築くことは、お金や思いやりだけでは成り立たない。今日、ゾンビに表象されるようになった、人間群像の矛盾を冷徹に直視し、人々の自立的な再生を助けるような実力がもっとも必要になっている。災害への備えは単なる物理的・技術的な対策だけでなく、人々の心の在り方や社会のつながりを強化することにもなる。国内外的に相互の必要性を補完しあい、互いに感謝し合える社会を作ることが、究極の災害対策となると考えられる。

あ と が き

　本書は、京都大学人文科学研究所（人文研）において実施した2021～2023年度共同研究（一般A班）「東アジア災害人文学の構築」（班長：山泰幸、副班長：向井佑介）の研究成果である。この共同研究の趣旨を、私なりの解釈にもとづいて説明するならば、それは過去の東アジア社会が災害に対してどのように対応してきたのかを明確にし、現在まで各地に蓄積されてきた実践知を集約して、現在および未来の社会が抱える課題解決に役立てようとする試みといえるだろう。

　共同研究に参加した研究班員は、班長・副班長を含めて、学外12名、学内7名、所内6名の合計25名である。本来であれば、この共同研究は主に人文研を会場として実施するはずだったが、COVID-19（新型コロナウイルス感染症）の影響で、1年目と2年目はZoomによるオンライン会議とせざるを得ず、3年目の2023年度になってようやく対面を基本とした研究会を開始することができた。対面での接触が制限されたコロナ禍の最中にあっても、なんとか共同研究を進めることができたのは、この数年で飛躍的に発展したオンライン会議ツールによるところが大きいとはいえ、そうした対応もまた、本書第9章で岡田憲夫氏が説明する「続発する社会を揺るがす衝撃力」（Persistent Disruptive Stressors＝PDSs）をしなやかに吸収して、持続的に社会を復興させていく方策の一例といえよう。

　ただ、最初の2年間、オンラインでの研究会は実施できても、初対面の参加者どうしが親しくなるにはいたらなかった。オンライン会議でも確かに研究発表や討論はできるし、それをもとに共同研究を進めていくことはできる。コロナ禍の最中でも海外のゲストに発表・参加してもらうことができたのは、大きな収穫だった。しかし、そこには、対面で感じられる空

気感は存在せず、ふとした表情や何気ない会話のやりとり、あるいは研究会後の懇親会での与太話によって、思わぬ方向に研究が展開していくこともない。どうも予定調和的な共同研究になりがちなのである。対面研究会を開始した3年目になってようやく研究が急速に進展したように感じたのは、おそらく私だけではないだろう。共同研究とは、複数人が各自の研究を持ち寄って発表すればよいのではなく、それらを融合させる「場」をつくることが重要なのだということを、あらためて認識した。

　一般に人文学は、いわゆる「実学」とはみなされていない。その研究成果が、直接に人々の暮らしを便利にしたり、利益を生み出したり、大きな科学的発展をもたらしたりすることはないと考えられているからである。しかし、人がよりよく生きるための「知」を提供することはできる。「東アジア災害人文学」は、そうした人文学の可能性を模索するひとつの挑戦的な試みである。

　近年、相次いで発生する大地震や豪雨による土砂災害、世界規模の感染症などを背景として、人文学の分野でも「災害」を主題とする書籍は数多く出版されている。ただ、それらは比較的近い研究分野のなかで完結していることが少なくない。近い分野の研究者どうしが集まったほうが、話が通じやすいし、研究成果もまとめやすいからである。それに対し、この共同研究は、歴史・考古・哲学・社会学など人文社会学系の研究者と、防災学・土木工学など理工系の研究者が共同・協働して、新しい分野を開拓しようとしたところに大きな特色がある。それら異分野の融合を可能にしたのは、ひとえに山班長の手腕による。

　ところで、「東アジア災害人文学」を掲げる本書のなかに、「風土」にかかわる論文やコラムが何本も含まれていることを、不思議に感じる読者も多いだろう。私自身も、当初はなぜ「風土」の議論をするのか腑に落ちないところがあった。しかし、研究班に参加しているうちにわかってきたのは、気候や「風土」が異なれば、自然災害に対する認識も異なるというこ

とである（第7章山論文）。また、災害に対する「復興」を考えるとき、地域の力なくして復興は実現しえない（第9章岡田論文）。それらの地域は、それぞれ異なる「風土」のなかで人と自然の営みによって歴史的に形成されてきたものであり、それゆえ「風景」とともに復興することが地域の人々の精神的な支えとなるのである（第8章寺田論文）。

　「東アジア災害人文学」は、まだ生まれたばかりの学問である。それが今後、学問としてどのように展開し、また社会に対してどのように貢献できるのかは、未知数であるとはいえ、ひとまず3年間の共同研究の成果として本書を刊行できることを、うれしく思う。本共同研究には、班員だけでなく、ゲストとして多くの方が参加してくださり、その成果を本書にも寄稿していただいた。臨川書店の工藤健太さんには、タイトなスケジュールのなかで、編集にかかわるさまざまな実務を担当していただいた。本書の出版にご協力いただいたすべてのみなさまに、この場を借りて深く感謝申し上げたい。

　　　　　　　　　　　　　　　　　　　　　　　向　井　佑　介

執筆者紹介（執筆順）

山　泰幸（やま　よしゆき）
　　関西学院大学災害復興制度研究所長、人間福祉学部長
　　専門：民俗学、思想史、社会文化理論
　　主著：『ナラティヴ・ポリティクスとしての異人論――不寛容時代の〈他者〉をめぐ
　　　　　る物語』（編著、臨川書店、2024年）
　　　　　『江戸の思想闘争』（角川選書、2019年）
　　　　　『だれが幸運をつかむのか――昔話に描かれた「贈与」の秘密』（ちくまプリ
　　　　　マー新書、2015年）

市川　秀之（いちかわ　ひでゆき）
　　滋賀県立大学人間文化学部教授
　　専門：日本民俗学
　　主著：『広場と村落空間の民俗学』（岩田書院、2001年）
　　　　　『歴史のなかの狭山池』（清文堂、2009年）
　　　　　『近代天皇制と遙拝所』（思文閣出版、2022年）

植村　善博（うえむら　よしひろ）
　　佛教大学名誉教授、治水神・禹王研究会会長
　　専門：自然地理学
　　主著：『環太平洋地域の地震災害と復興』（古今書院、2015年）
　　　　　『京都の治水と昭和大水害』（文理閣、2015年）
　　　　　『日本禹王事典』（共著、古今書院、2023年）

竹内　晶子（たけうち　あきこ）
　　治水神・禹王研究会理事・事務局長
　　専門：中国語通訳・翻訳
　　主著：『東方怪談』（共訳、新星出版社、2015年）

向井　佑介（むかい　ゆうすけ）
　　京都大学人文科学研究所准教授
　　専門：中国考古学・歴史考古学
　　主著：『中国初期仏塔の研究』（臨川書店、2020年）
　　　　　『唐長安　大明宮』（監訳・共訳、科学出版社東京・ゆまに書房、2021年）
　　　　　『馬・車馬・騎馬の考古学――東方ユーラシアの馬文化――』（共編著、臨川
　　　　　書店、2023年）

塚本　明日香（つかもと　あすか）
　　岐阜大学地域協学センター准教授
　　専門：中国建築史・科学史・地域フィールドワーク
　　主著：「中国正史に見られる住宅用語の変遷」（西山良平・鈴木久男・藤田勝也編
　　　　　『平安京の地域形成』京都大学学術出版会、2016年）

「見えない天意を見せるもの——正史「五行志」の役割」（外村中・稲本泰生編『「見える」ものや「見えない」ものをあらわす』勉誠社、2024 年）

上原　麻有子（うえはら　まゆこ）
京都大学大学院文学研究科教授、総合地球環境学研究所上廣環境日本学センター客員教授
　専門：近現代日本哲学、翻訳哲学、日本のフェミニズム
　主著：「日本の近代化における女性の尊厳意識への目覚め」（加藤泰史編『問いとしての尊厳意識』法政大学出版局、2024 年）
　　　　"Nishida Kitarō's 'I and Thou' through the Work of Jessica Benjamin: Towards the Issue of Equality"（N. R. B. Loewen & A. Rostalska（eds.）, *Diversifying Philosophy of Religion Critiques, Methods and Case Studies*, Bloomsbury, 2023）
　　　　「創造する翻訳——近代日本哲学の成長をたどって」（甚野尚志・河野貴美子・陣野英則編『近代人文学はいかに形成されたか』勉誠出版、2019 年）

加藤　泰史（かとう　やすし）
椙山女学園大学外国語学部教授、一橋大学名誉教授
　専門：哲学・倫理学
　主著：*Kant's Concept of Dignity*（co-edit, De Gruyter, 2019）
　　　　『スピノザと近代ドイツ』（編著、岩波書店、2022 年）
　　　　『問いとしての尊厳概念』（編著、法政大学出版局、2024 年）

張　政遠（ちょう　せいえん）
東京大学大学院総合文化研究科教授
　専門：日本哲学
　主著：『日本哲学の多様性』（共編著、世界思想社、2012 年）
　　　　『東アジアにおける哲学の生成と発展』（共著、法政大学出版会、2022 年）
　　　　『文学・哲学・感染症』（共著、論創社、2022 年）

寺田　匡宏（てらだ　まさひろ）
総合地球環境学研究所客員教授
　専門：人文地球環境学
　主著：『人新世の風土学——地球を〈読む〉ための本棚——』（昭和堂、2023 年）
　　　　『人文地球環境学——「ひと、もの、いきもの」と世界／出来——』（あいり出版、2021 年）
　　　　『カタストロフと時間——記憶／語りと歴史の生成（エネルゲイア）——』（京都大学学術出版会、2018 年）

岡田　憲夫（おかだ　のりお）
京都大学名誉教授、関西学院大学災害復興制度研究所顧問
　専門：総合防災学、社会基盤システム論
　主著：『コンフリクトの数理』（現代数学社、1988 年）
　　　　『総合防災学への道』（共編著、京都大学学術出版会、2006 年）

『ひとりから始める事起こしのすすめ』（関西学院大学出版会、2015 年）

大西　正光（おおにし　まさみつ）
　京都大学大学院工学研究科教授
　専門：土木計画学・災害リスクガバナンス
　主著：「空港コンセッション事業におけるパンデミック対応のための経済的支援策」
　　　　（『土木学会論文集 D3（土木計画学）』第 78 巻第 6 号、2022 年）
　　　　「リグレット感情を考慮した津波避難――リグレットマップ作製の試み――」
　　　　（共著、『災害情報』No.18-1、2020 年）
　　　　「気象情報のサービスプロセスにおける官民の役割に関する研究」（共著、『災害情報』No.17-2、2019 年）

小川　伸彦（おがわ　のぶひこ）
　奈良女子大学文学部教授
　専門：社会学・文化社会学・文化遺産論
　主著：「〈異〉なるものの生成と寛容／非寛容――コロナ禍におけるナラティヴとしての漫画作品より」（山泰幸・西尾哲夫編『ナラティヴ・ポリティクスとしての異人論：不寛容時代の〈他者〉をめぐる物語』臨川書店、2024 年）
　　　　「言葉としての「震災遺構」――東日本大震災の被災構造物保存問題の文化社会学――」（『奈良女子大学文学部教育研究年報』12 号、2015 年）
　　　　『文化遺産の社会学――ルーブル美術館から原爆ドームまで』（共著、新曜社、2002 年）

梶谷　真司（かじたに　しんじ）
　東京大学大学院総合文化研究科教授
　専門：哲学、医療史、比較文化
　主著：『シュミッツ現象学の根本問題――身体と感情からの思索』（京都大学学術出版会、2002 年）
　　　　『考えるとはどういうことか――0 歳から 100 歳までの哲学入門』（幻冬舎、2018 年）
　　　　『哲学対話の冒険日記』（あいり出版、2023 年）

趙　寛子（チョ　クヮンジャ）
　ソウル大学日本研究所副教授
　専門：日本思想史
　主著：『日本資本主義の危機、新たな資本主義の機会か？』（共著、博文社［韓国語］、2023 年）
　　　　『韓日におけるコロナ 19 の対応：差異と協力の可能性』（共著、JNC［韓国語］、2021 年）
　　　　『植民地朝鮮／帝国日本の文化連環――ナショナリズムと反復する植民地主義』（有志舎、2007 年）

東アジア災害人文学への招待
気候変動・災害多発時代に向き合う人文学

2025年3月31日　発行

編　者　山　泰幸・向井佑介
発行者　片岡　敦
印　刷　創栄図書印刷株式会社
発行所　株式会社　臨川書店
　　　　〒606-8204
　　　　京都市左京区田中下柳町八番地
　　　　電話(075)721-7111

落丁本・乱丁本はお取替えいたします。　　ISBN978-4-653-04595-3 C0036
定価はカバーに表示してあります。　　　　Ⓒ山　泰幸・向井佑介 2025

・JCOPY 〈(社)出版者著作権管理機構 委託出版物〉

本書の無断複写は著作権法上での例外を除き禁じられています。複写される場合は、そのつど事前に、(社)出版者著作権管理機構（電話 03-5244-5088、FAX 03-5244-5089、e-mail: info@jcopy.or.jp）の許諾を得てください。

本書を代行業者等の第三者に依頼してスキャンやデジタル化することは著作権法違反です。